# *O Despertar do Espírito dos Vencedores*

Eneida Lermen

# *O Despertar do Espírito dos Vencedores*

EDITORA CULTRIX
São Paulo

## *DEDICATÓRIA*

À memória de Diaulas Riedel, que se empenhou, por toda uma vida, em despertar em si e naqueles em que seu trabalho alcança, o espírito dos vencedores.

| Edição | Ano |
| --- | --- |
| 1-2-3-4-5-6-7-8-9 | 97-98-99-00 |



*Impresso em nossas oficinas gráficas.*

# Prefácio

Este livro não revela nenhuma grande descoberta, nenhuma sabedoria oculta que esteja disponível somente a alguns iniciados escolhidos por um mestre supremo, mesmo porque minha crença básica é a de que todo conhecimento e sabedoria existentes estão, e sempre estiveram, à disposição de cada um de nós, seres humanos.

Nosso acesso a essa sabedoria aumenta à medida que vamos nos aperfeiçoando, ou seja, quando entendemos um aspecto da questão e abrimos espaço para entender outros aspectos. Todos os grandes pensadores chegaram à mesma conclusão: é por meio do não-saber, da ignorância, que temos acesso ao conhecimento; por isso, devemos nos sentir estimulados com o que não sabemos.

Este livro pretende ser um aliado para as pessoas que estão em busca de si mesmas, para aquelas que estão procurando deixar seu Ser emergir. Para todos aqueles que sentem a angústia de perceber a iminência de um novo tempo, um tempo em que não existem "verdades absolutas" e, por isso, sabem que precisam buscar um sentido para sua vida.

Este livro procura servir de reforço para as pessoas que já estão trabalhando na busca da excelência pessoal, e que sabem que precisam alimentar a mente com mensagens de estímulo e de confiança, a fim de sobrepujar a massificação da impotência e da negatividade que a sociedade impõe o tempo todo.

Ele procura ser um apoio estratégico para todos aqueles que escolheram equiparar a busca da excelência pessoal a uma guerra composta de várias batalhas.

Procura ser um alento, uma esperança, uma confirmação para aqueles que já descobriram que o caminho é individual, que já se libertaram da desculpa: "De que adianta eu mudar se o mundo continua o mesmo?"; para aqueles que sabem que o seu crescimento modifica positivamente todo o Universo.

Este livro é fruto de minha experiência pessoal e de minha prática como psicoterapeuta. É só uma maneira diferente e, quem sabe, mais acessível, de dizer as mesmas coisas que vêm sendo ditas há séculos por filósofos, e que atualmente estão sendo confirmadas pela física quântica, cuja premissa básica é: "Você cria sua realidade."

Este livro pretende ser uma espécie de campainha para despertar aquela parte, existente em todas as pessoas, que sabe exatamente como viver bem.

Algumas pessoas vão encontrar aqui inspiração para reconhecer que já são, potencialmente, vencedoras. Que ser um vencedor não quer dizer competir com alguém, impor suas idéias, crenças e comportamentos aos outros. Que ser um vencedor também não é reprimir, abafar características pessoais que os outros, ou ele mesmo, consideram inadequadas. Vão perceber que ser um vencedor é revelar o melhor de si mesmo e que tentar é ter sucesso.

Vão reconhecer a necessidade de buscar harmonia em si mesmos e nos outros. Vão perceber que o vencedor é uma pessoa que se permite um maior número de opções, uma maior flexibilidade e que, por isso mesmo, alcança mais facilmente seus objetivos. Ser um vencedor é – apesar de saber que é imperfeito, que está em processo de crescimento – aceitar-se, estar satisfeito e feliz consigo mesmo.

Ser um vencedor é estar ciente do fato de que cada esforço individual em busca de si mesmo afeta positivamente a humanidade como um todo; por isso, além de trabalhar a si mesmo, o vencedor, sempre que possível, indica caminhos, aponta recursos e auxilia as pessoas que demonstram interesse no seu potencial pessoal.

Ser um vencedor não é ser um alienado que pinta a realidade de cor-de-rosa, e também não é ser um conformista que pinta a realidade de negro.

Ser um vencedor é saber que a realidade é um campo de infinitas possibilidades e, portanto, comporta todas as cores, tons e nuanças que possam ou não ser imaginados. Ser um vencedor é saber que se tem opção, é saber que se pode escolher a cor de sua própria realidade.

Ser um vencedor não é apenas terminar uma tarefa com sucesso. Este é apenas um passo da caminhada. Ser um vencedor é obter sucesso, crescimento, prazer e felicidade enquanto se está buscando cumprir a grande tarefa que é viver.

Ser um vencedor é viver bem!

# Introdução

Era uma vez...
Num reino bem próximo,
existiu uma pessoa.
Era uma pessoa como tantas outras.
Essa pessoa pensava como todas as outras,
sonhava os sonhos dos outros,
acreditava em limitações.
Essa pessoa via perigo em tudo,
tinha medo de tudo,
acreditava que as boas coisas da vida
eram só para os outros.
Acreditava que o dinheiro era sujo,
que a riqueza trazia infortúnio,
que a pobreza era uma virtude.
Acreditava que o ser humano
era comandado pelos baixos instintos.
Acreditava que a natureza era má,
que o objetivo da vida
era reprimir suas tendências naturais.
Acreditava que o objetivo da vida era o sofrimento,
que sentir dor faria a pessoa melhor.
Conformava-se.
Essa pessoa,
comum, como tantas outras,
estava adormecida,
estava inconsciente.
Certo dia,
o Espírito dos Vencedores
visitou esse reino.

Nesse dia, a pessoa despertou!
Conheceu a si mesma,
tornou-se consciente
de todo o seu potencial.
Nesse dia,
ela reconheceu em si mesma
o Espírito dos Vencedores.
Nesse dia,
ela soube que todas as pessoas são especiais,
que poderia ser dona dos seus pensamentos,
sonhar seus sonhos,
vencer suas limitações.
Essa pessoa soube
que podia se sentir segura,
libertar-se dos medos.
Que as boas coisas da vida
são para todas as pessoas.
Que a abundância do Universo
está ao alcance de todos.
Ela soube que a sua essência
é boa, bela e justa.
Que a meta da vida é o afloramento
do Ser Natural.
Que o objetivo da vida
é a realização de todo o seu potencial.
Essa pessoa
nunca mais adormeceu.
Acolheu em si o entusiasmo
e, assim, mudou completamente a sua vida.
Sentindo em si
o Espírito dos Vencedores,
que é bom e justo,
decidiu compartilhá-lo com todos.
E, assim,
saiu por outros reinos,
sussurrando ao ouvido
das pessoas adormecidas,
repetindo o que lhe tinha contado
o Espírito dos Vencedores...

# Sumário


I – A escolha é sua ... 13
II – Viver é encontrar-se ... 22
III – O mapa não é o território ... 27
IV – É possível escolher a liberdade ... 34
V – O primeiro passo é essencial ... 42
VI – Toda manifestação do poder universal é perfeita ... 52
VII – Querer é poder ... 56
VIII – A fé move montanhas ... 64
IX – O alquimista é você ... 73
X – Perdoar é humano ... 98
XI – Obstáculos são pontes para o crescimento ... 106
XII – O espírito dos pioneiros vive em você ... 113
XIII – Ser é fazer ... 120
XIV – A vontade é divina ... 126
XV – Sonhar é preciso ... 137
XVI – O entusiasmo é a mola que move o mundo ... 147
XVII – O tempo da alegria é agora ... 153
XVIII – Você não é uma ilha ... 170
XIX – E por trás de tudo ... 177

# I

# A escolha é sua

*Eis por que é tão difícil explicar o Caminho para quem não o trilhou: a pessoa verá apenas do seu atual ponto de vista, ou melhor, temerá a perda do seu ponto de vista.*

*E, no entanto, se ao menos soubéssemos que cada vez qu perdemos nosso ponto de vista fazemos um progresso e qu vida muda quando passamos do estágio da verdade fechada p o estágio da verdade aberta – uma verdade que se assemelh à própria vida, e é muito grande para ser aprisionada por pontos de vista, já que abarca todos os pontos de vista...*

*Uma verdade grandiosa o bastante para negar a si mesma e passar interminavelmente para uma verdade superior.*

Satprem

Todas as grandes verdades são óbvias, e são simples.

Então, prepare-se, que vou revelar um segredo, o primeiro grande segredo que pode mudar a sua vida, um grande segredo que você conhece desde sempre:

**Para mudar sua vida, você precisa decidir mudá-la!**

Você precisa estar suficientemente insatisfeito com a sua situação atual, com a vida que vem levando, para querer, para resolver mudá-la.

Precisa livrar-se do medo de tomar decisões, abandonar a consciência de rebanho, parar de deixar-se levar pela maré.

Precisa abandonar o hábito de escolher por omissão e de permitir que os outros decidam por você.

Você precisa deixar de agir como a lagarta do pinheiro: se você colocar um bando de lagartas de pinheiro num círculo, ligando suas extremidades até fecharem o círculo, verá que cada lagarta seguirá a que está à sua frente, movendo-se ao redor do círculo, indefinidamente. Mesmo que você coloque alimento no centro do círculo, as lagartas continuarão seguindo umas às outras ao redor do alimento até morrerem de fome. Isso significa que a lagarta do pinheiro, por não ter poder de escolha, por ser totalmente comandada, adere incondicionalmente ao instinto de rebanho, mesmo que isso venha a determinar sua morte.

Você precisa exercer seu direito nato, precisa usar consciente e deliberadamente o maior poder, a maior força que o ser humano possui: o poder de escolha.

Você precisa abandonar o senso comum, a estrada conhecida – "oficial".

Um dos maiores males da humanidade é, sem dúvida, o senso comum. O senso comum dita o que é possível e o que é impossível; diz o que você pode e o que você não pode ter, fazer ou ser.

É um código de leis, de crenças, de costumes, de padrões que rege a vida das pessoas e que, na maioria das vezes, é tão científico quanto a história do "bicho-papão".

Já foi senso comum a crença de que a Terra não era redonda, e de que quem chegasse ao fim do mundo cairia num precipício e seria engolido por monstros.

Por muito tempo se acreditou que o Sol girava em torno da Terra, e quem ousou contestar isso foi queimado numa fogueira.

Muitos "cientistas", guiados pelo senso comum, elaboraram intrincadas teorias para comprovar a "inferioridade da mulher".

Já se acreditou que os doentes mentais eram seres possuídos por demônios, que tomar banho fazia mal à saúde, que comer pêssego ou uva com leite era morte certa, etc.

Esses são apenas alguns exemplos de muitos outros absurdos a respeito de crenças, de normas de comportamento e de conduta moral que o tempo se encarregou de modificar.

A física quântica demonstra, hoje, que não existe "a realidade"; existem tantas "realidades" quantas são as pessoas existentes.

Cientistas de renome passaram a divulgar novos conceitos, postulando e provando que a realidade fundamental é essencialmente indeterminada. Que não existe "algo" nítido e fixo, subjacente à nossa existência diária, que possa ser conhecido.

Eles dizem que tudo da realidade é e continua sendo uma questão de probabilidade. Um elétron pode ser uma partícula, pode ser uma onda, pode estar numa órbita, pode estar noutra – de fato, tudo pode acontecer.

Só podemos inferir um resultado com base no que é mais provável, dadas as condições gerais de determinada situação experimental, e o mais provável é que o elétron estudado "seja" aquilo que o observador "espera" que ele seja.

Esses conceitos sugerem que o estudo do funcionamento da nossa mente poderá fornecer a chave para o entendimento da natureza fundamental da realidade.

O que existe são probabilidades de eventos, e o momento, a forma, a quantidade e a qualidade de manifestação do evento depende do observador – mais especificamente, da vontade daquele que observa. Em palavras mais simples, cada um vê aquilo que quer ver, ou: "Se assim lhe parece, assim é."

Através do senso comum não se pode negar a existência do sofrimento, da limitação, da doença ou da infelicidade. Para extinguir do mundo fenomênico qualquer manifestação negativa, é necessário negar a "realidade do fenômeno", transcendendo o senso comum.

É necessário escolher as possibilidades positivas e construtivas da vida. É necessário querer para si a realização, a felicidade, a saúde, a prosperidade em todos os campos.

Para isso, é necessário perceber que a maneira como se entende a vida, através do senso comum, não é a verdadeira realidade.

A realidade é só um modo de viver, determinado pelo que aprendemos, pelas nossas crenças, padrões de pensamento, hábitos, condicionamentos e escolhas.

O primeiro passo para transcender, para ultrapassar o senso comum e fazer da vida aquilo que você quer é estar disposto a mudar, manter-se aberto para um novo entendimento do viver.

É preciso aceitar a responsabilidade e o poder inerente no ato de determinar o próprio caminho.

Como bem disse Jung: "Em última análise, o essencial é a vida do indivíduo (...) Nós fazemos a nossa própria época."

Está se formando uma nova consciência na humanidade, caracterizada por uma busca do sentido da vida que remete diretamente àquela máxima milenar: "Conhece-te a ti mesmo." Pois, como disse Maomé: "Aquele que conhece a si mesmo conhece o seu Senhor."

Decida-se, escolha você também trilhar por um caminho "não oficial", não regulamentado e, portanto, não limitado – um caminho novo.

Abra-se para a mudança, conscientize-se de que não é mudando as condições externas que se consegue mudar a vida.

Conscientize-se de que, se você quer resolver problemas, ter uma vida melhor, ser rico em todos os aspectos, saudável e feliz, é preciso estar disposto a mudar interiormente.

Faça a escolha de não se apegar a velhas crenças, a conceitos inadequados, a limitações ultrapassadas, decorrentes de um uso equivocado de seu potencial.

Você sabe: se quiser mudar sua vida é preciso mudar por dentro, aprendendo uma nova maneira de pensar, uma nova maneira de agir, de escrever seu destino.

Você sabe que "a realidade" não existe. Existem tantas realidades quantas são as pessoas no mundo. Várias pessoas podem assistir ao mesmo evento, ao mesmo tempo, e cada uma delas terá uma versão diferente do fato.

Cada pessoa tem uma realidade particular, construída a partir da história da sua família, do local e data do seu nascimento, da sua constituição biológica, da sua educação, das suas relações interpessoais, etc.

Muitas vezes, a dificuldade que você enfrenta é uma mera conseqüência da maneira como você encara o fato. Mudando o foco, procurando outra perspectiva, você, provavelmente, mudará toda a realidade.

O único meio de que dispomos para mudar o mundo é mudar a nós mesmos. Como argumenta o psicólogo Wilhelm Reich, discípulo de Freud e fundador da Bioenergética:

"É possível sair de uma armadilha. Entretanto, para romper uma prisão, a pessoa precisa, em primeiro lugar, admitir que está numa prisão.

"A armadilha é a estrutura emocional do homem, sua estrutura de caráter. Não adianta arquitetar sistemas de pensamento sobre a natureza da armadilha, uma vez que a única coisa a fazer para sair dela é conhecê-la e encontrar a saída."

O único caminho viável e verdadeiramente eficiente é o da responsabilidade individual, cada qual cuidando da própria vida de maneira construtiva.

O único caminho viável é entender que o modo como você se sente não é o resultado do que está acontecendo na sua vida – é a sua interpretação do que está acontecendo.

Por exemplo, digamos que você seja um homem casado e que sua esposa ligue avisando que vai chegar tarde em casa, pois está terminando um trabalho muito gratificante, que vai lhe render reconhecimento profissional.

Se os seus valores lhe dizem que o compromisso principal de uma esposa é atender a casa e ao marido, você vai se sentir aborrecido, irritado e até mesmo com raiva.

"Como ela pode fazer isso comigo?", você vai se perguntar.

E a sua indignação pode aumentar ainda mais se você ficar imaginando que, ao chegar em casa, não encontrará um jantarzinho quente à sua espera; pode até vir a se sentir injustiçado:

"Ainda por cima terei de fazer o jantar!"

Se quiser, também pode se sentir miserável:

"Se ela dá tanto valor ao trabalho, é porque não me ama."

E pode aumentar indefinidamente a sua desgraça:

"Ela não me ama porque eu não mereço ... Sou um infeliz ... Não mereço nada de bom ... Ninguém me ama ...", etc.

No entanto, se os seus valores lhe disserem que o compromisso principal de cada pessoa, seja homem ou mulher, é consigo mesma, com o seu próprio crescimento, você irá encarar esse fato com naturalidade, podendo, inclusive, alegrar-se por saber que sua esposa está feliz e realizada.

Você poderá ficar satisfeito, imaginando que ela chegará em casa bem-disposta e, por isso mesmo, será uma boa companhia. Poderá, também, concluir que é uma ótima oportunidade para ir visitar um amigo, para ler um bom livro, para ter algumas horas de solidão, etc.

Para dar outro exemplo, digamos que um colega lhe proponha um novo negócio.

Se os seus valores lhe dizem que as pessoas só querem levar vantagem, você vai pensar:

"Se fosse um bom negócio, não iria oferecê-lo a mim, ele o faria sozinho." "Ele está pensando que sou tolo, acha que sou pouco inteligente." E dentro de poucos minutos, você estará desprezando o seu colega, ou sentindo raiva dele.

Por outro lado, se os seus valores lhe disserem que a maioria das pessoas é bem-intencionada, você levará a sério a proposta do seu colega, irá analisá-la, estudá-la e, mesmo que não a aceite, sentir-se-á orgulhoso e gratificado porque o seu colega o levou em consideração, pensou em você como um provável sócio.

Compreenda que são as maneiras pelas quais você escolheu perceber sua vida que fazem você decidir como sentir-se ou agir.

Embora esse processo de interpretação geralmente seja automático, produto de um condicionamento, você pode mudá-lo e, assim, mudar a sua experiência do mundo.

Você não é uma máquina; você pode mudar suas ações físicas e mentais e, assim, mudar suas emoções, comportamentos e resultados.

O que determina como você interpretará ou reagirá a qualquer experiência da vida são os seus valores.

Valores são o seu sistema de crenças sobre o certo, o errado, o bom e o mau. Eles são a base que define suas reações a qualquer situação na vida.

Os seus valores definem a maneira como você escolhe viver: definem desde o que você veste e come, onde mora, com quem se relaciona, até mesmo o que você faz para viver.

Se os seus valores lhe dizem que morar no sul é melhor do que morar no norte, dificilmente você escolherá morar no norte, mesmo que seja mais cômodo para você.

Se os seus valores lhe ensinam que o que importa é a etiqueta de uma roupa, é isso que será determinante na escolha do seu vestuário.

Se eles lhe dizem que o que importa é o preço, é isso que será levado em conta.

No entanto, se os seus valores lhe dizem que, independentemente da etiqueta ou do preço, o que importa é a qualidade, isso é o que será priorizado na hora da compra.

Se, na sua escala de valores, a sensibilidade é pouco valorizada nos homens, ou até mesmo desprezada, você fará de tudo para não demonstrar seus sentimentos, será um adepto da frase: "Homem não chora."

Se, na sua escala de valores, o papel reservado às mulheres é sempre secundário, você, no auge da sua boa vontade para com as mulheres, será adepto do lema: "Por trás de todo grande homem, sempre há uma grande mulher."

Se os seus valores ditam que ter um emprego público é mais respeitável do que trabalhar como vendedor, por mais aptidões e vantagens que você tenha para trabalhar com vendas, automaticamente você escolherá um emprego público.

Somente conhecendo os seus valores você pode, verdadeiramente, fazer escolhas livres e liberar a magia pessoal.

A origem desses poderosos ensinamentos sobre o certo e o errado, o bom e o mau, o desejável e o indesejável, sobre o que fazer e o que não fazer pode ser rastreado até a época em que você era um bebê.

Seus familiares mais próximos, especialmente seu pai e sua mãe, desempenharam o papel principal na programação dos seus valores originais.

Eles sempre lhe mostravam seus valores, dizendo-lhe o que esperavam de você. Diziam o que queriam e o que não queriam que você fizesse, dissesse e acreditasse.

Eles lhe disseram o que era certo e o que era errado fazer, pensar ou querer; lhe disseram o que era belo e o que era feio, segundo a concepção deles.

Esses valores foram introjetados pelo método de recompensa-punição. Se você correspondia aos seus valores, era recompensado; era um bom menino ou uma boa menina.

Se você não os aceitasse, teria problemas; seria considerado um mau menino, uma má menina, e, muitas vezes, era punido de outras maneiras, até mesmo violentas.

Mais tarde, os amigos, os grupos, também contribuíram para a formação de seus valores. Nesse contato, você misturou os seus valores com os deles, ou pode ter modificado os seus valores, porque, se não fizesse isso, poderia ser punido: eles o rejeitariam, não brincariam com você, o excluiriam do grupo.

Com o desenrolar da vida você foi constantemente criando, absorvendo novos valores, misturando seus valores, trocando-os com outras pessoas. Você, provavelmente, conheceu pessoas a quem admirou, heróis ou anti-heróis a quem tentou igualar-se. Você, da mesma forma, sofreu a influência do poder da mídia na formação dos seus valores.

Perceba como é importante descobrir, conhecer os seus valores, saber até que ponto você está sendo conduzido pela necessidade de agradar aos outros, de evitar punições – físicas, emocionais ou sociais – ou de guiar-se pelo mapa de outras pessoas, ou até mesmo da mídia.

O grande desafio é que o sistema de valores já está registrado no subconsciente. Por isso, muitas vezes, você não sabe por que faz certas coisas – só sente que tem de fazê-las. E, muitas vezes, quem sabe até na maioria das vezes, você faz escolhas automáticas, escolhas programadas.

É importantíssimo que você conheça os seus valores. Você pode, agora, como adulto, analisá-los, reformulá-los, de modo que se adaptem, que correspondam àquilo que você pensa e espera da vida.

Sempre que fizer uma escolha, por mais simples que seja, pergunte-se qual o motivo, encontre a razão para ter feito essa escolha. Avalie, então, se as razões encontradas são suas ou se lhe foram impostas por outros meios.

Os valores são aquilo que motiva ou não as pessoas. Portanto, para ser verdadeiramente livre, para construir realmente sua vida, analise, conheça, discrimine, escolha seus valores e descarte os valores herdados ou impostos, que não refletem seu verdadeiro Eu.

PARA REFLETIR

**Você determina a qualidade da sua vida**

*É você quem determina a qualidade da sua vida na medida em que escolhe, sem reservas, aquilo que quer experimentar. Tudo está aí; só depende do modo como você lida com as coisas.*

*Se você for mesquinho e medroso, nada de grandioso poderá ocorrer na sua vida, pois seus dias estarão permeados de insegurança e de medo. Se, ao contrário, acreditar que tudo deve sempre acontecer segundo suas expectativas, porque, seja como for, você sabe tudo, uma sabedoria e uma verdade maiores que as suas o tornarão humilde outra vez.*

*Faça o melhor que puder, com plena confiança de que um controle muito mais sábio que a sua inteligência faz girar a roda da vida. Abra-se a novos impulsos, a novas idéias, a uma verdade maior do que aquela que compreende no momento, e então poderão ocorrer milagres na sua vida, pois você permitirá que eles aconteçam.**

---

* Do livro de Stephanie Merges: *A vida como um processo de aprendizado*, Editora Pensamento, São Paulo, 1993.

## DESAFIOS

- Perceber que não existe um manual de instrução de como viver; por isso, nem sempre a "verdade" da sociedade ou de outras pessoas é a sua "verdade".
- Ampliar sua interpretação da vida.
- Refletir sobre a relatividade de conceitos como: bom, mau, belo, feio, certo, errado, justo, injusto, etc.
- Analisar tudo aquilo que é senso comum, tudo aquilo que "tem de ser assim", toda vez que for decidir algo.
- Conhecer os valores que motivam suas ações e, se necessário, reformulá-los.

## O CAMINHO DO VENCEDOR

- Conhecer-se.
- Liberar seu poder, sua "magia pessoal", fazendo escolhas livres.
- Aceitar seu poder, seu discernimento, libertando-se de programas herdados.

## COMANDOS DE PODER

- Decido, com alegria, mudar minha vida agora!
- Sou eu quem decide por mim.
- Neste Universo tudo é possível.
- Sempre consigo ver o melhor em tudo.
- A cada dia, com alegria, faço modificações construtivas no meu mundo.
- Eu faço o meu caminho.
- Sou uma manifestação de Deus.
- Tenho potencial para realizar tudo o que quero.
- Sou o arquiteto e o construtor da minha vida.
- Quando tomo uma decisão, todo o Universo conspira a meu favor.

*Viver significa desenvolver-se.*

Adler

# II

# Viver é encontrar-se

*A maioria das pessoas acha que explicação é o mesmo que compreensão. Aí existe uma grande diferença. Como agora, eu posso explicar muita coisa a vocês. Posso dar-lhes uma porção de sentenças que os ajudarão a construir um modelo intelectual de como nós funcionamos. Talvez alguns de vocês sintam a coincidência que há entre essas sentenças e explicações e a sua vida real, e isso é compreensão. Neste momento, posso apenas hipnotizá-los, persuadi-los e fazê-los crer que estou certo. Vocês não sabem. Eu estaria apenas pregando alguma coisa. Vocês não aprenderiam com minhas palavras. Aprendizagem é descoberta...*

Fritz Perls

Todo caminho de crescimento é, no início, um caminho solitário. Todos precisam começar individualmente.

O ser humano tem a tendência de responsabilizar o outro por suas limitações e insatisfações. Você estará só, mesmo na multidão, enquanto não aprender a responsabilizar-se por sua vida.

Além disso, precisa deixar de tomar o outro como referencial. Por que é tão importante o que o outro pensa a seu respeito? Por que você se incomoda tanto com isso?

Certamente, é porque você não se conhece. E porque não se conhece, você necessita que o outro lhe diga quem você é!

E nessa roda-viva, sempre precisando de que alguém lhe diga quem você é, você se afasta cada vez mais do seu verdadeiro EU.

Nessa roda-viva, vive tentando corresponder ao que o outro espera, tentando adivinhar o que ele pensa, tentando influenciar seu julgamento, para que ele pense bem de você.

Aquele que se conhece não se importa com o que os outros pensam a seu respeito, pois sabe que sempre faz o melhor possível, em cada ocasião. Sabe que sua essência é de beleza, bondade e crescimento; sabe que está em processo de desenvolvimento e de aperfeiçoamento, e que a cada dia se torna melhor.

Aquele que não se conhece fica sempre à mercê dos outros, porque é aquilo que os outros dizem que ele é. Todo o seu conhecimento acerca de si mesmo é um apanhado, uma síntese das opiniões alheias.

É necessário viajar por uma estrada deserta para descobrir o verdadeiro EU, é necessária uma libertação dos modelos que impedem ou obscurecem o auto-reconhecimento.

O que você pensa que é, na maioria das vezes, é uma coletânea, uma mistura:

• **Daquilo que os outros dizem que você é:**

Desde criança, você vem recebendo informações. As pessoas lhe dizem: "Você é inteligente"; "você é burro"; "você vai ser isto ou aquilo"; "você gosta disso ou daquilo", etc.

Essas afirmações fazem com que, algumas vezes, você se supervalorize, mas, infelizmente, na maioria das vezes, esse tipo de informação faz com que você se subestime, se subvalorize, acreditando ser menos do que na realidade é.

E, o que é pior, essas informações vão-se acumulando e criando uma armadura, uma máscara: a personalidade, que, inadvertidamente, você passa a chamar de "eu".

• **Daquilo que você gostaria de ser:**

Todos temos um ideal do que gostaríamos de ser. Isso não é errado, desde que construído com bases corretas. É, ao contrário, o que pode levá-lo a expressar toda a potencialidade e grandiosidade do seu SER.

Acontece que, geralmente, esses ideais são construídos a partir de modelos, de crenças ou padrões errados.

Enquanto você tenta ser o que gostaria de ser, copiando um modelo, imitando alguém ou procurando corresponder ao que os outros desejam, você deixa de ser o que É: um indivíduo, único, raro, insubstituível, extremamente valioso.

- **Daquilo que você gostaria de parecer aos outros:**

Por insegurança, por falta de amor-próprio e de autoconfiança, devido à sua baixa auto-estima, você, muitas vezes, quer agradar a todo mundo e procura parecer ser o que pensa que os outros gostariam que você fosse. Isso, muitas vezes, pode fazer com que você queira parecer uma coisa diferente para cada relacionamento importante que tiver.

Isso é péssimo! Na busca de reconhecimento, de admiração e de amor, tudo o que você consegue é sentir-se cada vez mais vazio, cada vez mais frustrado, pois, mesmo quando o outro o reconhece, admira ou ama, você sabe que esses sentimentos não são para você, para o seu EU real, mas sim para aquele que você pareceu ser.

Seja você mesmo, ainda que, assim, você receba pouco reconhecimento, admiração ou amor dos outros. O pouco que receber será real, será verdadeiro e merecido, e irá completá-lo.

Como afirma Howard Whitman: "A satisfação proveniente do sucesso não precisa ser identificada por ninguém mais, contanto que a própria pessoa tenha conhecimento da sua existência."

Conscientize-se daquilo que já advertiu Jung: "Em última instância, todo indivíduo tem que vencer sozinho sua própria batalha, ninguém mais pode fazê-lo."

Seja sábio e descubra, reconheça que as respostas só vêm quando nós mesmos as elaboramos. Outras pessoas podem contribuir para o nosso entendimento, mas a aquisição da sabedoria pessoal é sempre uma tarefa interior.

Você precisa reconhecer que aquilo que, tão negativamente, denominamos egoísmo é parte da sua natureza e, sendo parte da sua natureza, deve estar servindo a algum propósito positivo, pois tudo o que o ser humano tem em si é, potencialmente, bom e construtivo.

O egoísmo está, em primeiro lugar, a serviço do instinto de sobrevivência. Foi graças a ele que a humanidade sobreviveu. Pense: se um leão o ataca e você não é egoísta, você deixa que ele o mate. O leão está faminto, você é o alimento que ele quer, você está sendo altruísta ao deixar-se matar!?

Aceite o seu egoísmo! Invista, primeiro, no seu próprio florescimento. Você acha que a rosa é egoísta quando desabrocha? Você tem de florescer! Esse é o objetivo da sua vida!

Sua primeira e maior responsabilidade é florescer, tornar-se você mesmo, tornar-se totalmente consciente, e só então você será capaz de compartilhar. Compartilhar a sua consciência, o seu conhecimento, o seu ser.

Seja egoísta! Floresça! Com o florescimento, vem a fragrância, e não existe maneira de conter a fragrância. Ela se espalha, ela chega a tudo e a todos.

Portanto, em primeiro lugar SEJA, realize-se, concretize-se como pessoa!

PARA REFLETIR

*Todos os grandes mestres dizem que o tesouro espiritual é uma descoberta solitária.*

*– Então por que estamos juntos? – perguntou um dos discípulos.*

*– Vocês estão juntos porque um bosque é sempre mais forte do que uma árvore solitária – respondeu o mestre. – O bosque mantém a umidade, resiste melhor a um furacão, ajuda o solo a ser fértil. Mas, o que faz a árvore forte é a sua raiz. E a raiz de uma planta não pode ajudar outra planta a crescer – concluiu o mestre.*

Sabedoria zen

DESAFIOS

- Analise o que há de verdadeiro naquilo que os outros disseram ou dizem de você. O que lhe dá a certeza de que eles sabem mais a respeito da vida do que você?

- Analise, descubra por que a opinião do outro a seu respeito é importante.
- Analise, determine o que você, verdadeiramente, gostaria de ser.
- Seu grande desafio é encontrar a pedra escondida, o diamante dentro de você, e permitir que ele brilhe!

## O CAMINHO DO VENCEDOR

- Volte os olhos para o seu interior. Busque o autoconhecimento.
- Liberte-se de impulsos ou pressões vindos de fora.
- Sempre que possível, relaxe e mentalize uma fonte de energia no seu corpo. Imagine-se envolvido por uma nuvem de luz dourada. Deixe-se ficar, banhe-se um pouco nessa torrente rejuvenescedora.

## COMANDOS DE PODER

- Tenho todo o poder de que necessito.
- Sempre estou seguro e confiante.
- Confiantemente, estabeleço minhas próprias metas.
- Sou guiado por Deus.
- A cada dia que passa, mais me conheço.
- Alegro-me com o que sei a meu respeito.
- Construo a mim e à minha vida de acordo com o que realmente quero.
- Sou eu quem determino o que eu sou.
- Escolho expressar a minha essência, que é perfeita.
- Sei quem sou, o que quero e aonde vou.

*Lembrai-vos de que devereis caminhar sozinhos: os Budas apenas apontam o caminho.*

Buda Shakyamuni

# III

# O mapa não é o território

*Há dois tipos de conhecimento: o natural e o adquirido. Mas nenhum conhecimento adquirido tem utilidade se não há conhecimento natural. Assim como a luz do Sol é inútil quando a luz dos olhos está apagada.*

Ali em Al-Ghazzali

Um mapa é uma representação gráfica de um território. Simboliza o território, mas não é o território.

Isso quer dizer que qualquer teoria que você tenha a respeito do Universo, do mundo, da vida, dos seres humanos e de você mesmo representa, simboliza, uma parcela de conhecimento que, simplesmente, não é o conhecimento total e absoluto.

A maneira como as pessoas se relacionam entre si e consigo mesmas, a maneira como entendem os sentimentos e os eventos, a explicação, a compreensão que têm do Universo, da vida, da realidade, da sociedade e da comunidade não lhes foram dadas prontas por alguma divindade, mas, sim, construídas passo a passo pelos seres humanos.

Isso teve início quando o primeiro homem sentiu a necessidade de compartilhar experiências, de trocar conhecimentos, de agrupar forças, de comunicar-se. Para tanto, era necessário um código que todos entendessem.

Foi-se criando, então, uma linguagem que permitia nomear, estabelecer um consenso, dar o mesmo significado, ter a mesma compreensão dos fatos, das necessidades, dos eventos, dos sentimentos e das emoções.

Esse código, esse mapa, foi sendo ampliado, reformulado, revisto à medida que a compreensão das circunstâncias foi aumentando ou modificando-se. A criação do mapa é algo dinâmico, e ele vai sendo alterado dia após dia. Nada restou, por exemplo, daquilo que foi um consenso no mapa do homem das cavernas: quem hoje acredita que raios e trovões sejam o resultado da ira dos deuses?

No nosso atual estágio de desenvolvimento, conquistamos porções ou parcelas da verdade, do conhecimento ou da Sabedoria Universal; não temos ainda acesso à Verdade Absoluta.

Portanto, da mesma forma que os mapas foram, são e serão alterados, à medida que os territórios são conhecidos, você altera sua auto-imagem à medida que vai aprofundando o seu autoconhecimento.

Esse é um processo de retroalimentação: quanto mais você se conhece, mais conhece os outros; quanto mais você se respeita, maior é o seu respeito pelos outros e pelo mundo.

Quanto mais você se ama, maior é o amor que sente pelos outros e maior é o amor que sente pelo Universo que possibilita tudo isso. De acordo com o psicólogo Abraham Maslow: "À medida que a pessoa se torna integrada, o mesmo acontece com o seu mundo. À medida que a pessoa se sente bem, assim também o mundo lhe parece bom."

O mapa de que estou falando são os padrões de pensamento, as crenças, os preconceitos, os códigos de valores e tudo aquilo que você usa para se guiar, para se nortear no processo de viver. O mapa, quando usado corretamente, é muito útil. O problema é quando a pessoa, devido à necessidade de sentir-se segura, resolve se fechar, resolve acreditar que, pelo fato de ter um mapa, já conhece, já sabe tudo a respeito do território.

Uma pessoa que se encontra nessas condições fica estagnada, deixa de usar a sua criatividade, torna-se robotizada e passa a ser um mero repetidor de emoções, de sentimentos, de comportamentos e de ações.

O mapa deve servir como bússola, como guia, sempre deixando espaço para a descoberta, para o novo, para o criativo. Você tem, se quiser, acesso a todo conhecimento e sabedoria existente no Universo. Por que, então, limitar-se a um mapa que, em última análise, lhe dá apenas uma falsa sensação de segurança?

– Deixe de agarrar-se a quimeras e ilusões.

Pense bem: vale a pena enganar-se, fazendo de conta que sabe tudo que há para saber, ou é mais produtivo admitir que não sabe tudo e manter-se aberto a mudanças? Se você pensar bem, vai perceber que a única coisa constante na vida é a mudança.

– Você é hoje o que era há dez anos?

– Como era sua vida naquela época?

– O que você pensava?

– O que você sentia?

Independentemente de você querer ou não, as mudanças acontecem, são inevitáveis, inerentes ao processo de viver. Tudo o que você pode fazer, se estiver consciente, aberto e receptivo, é determinar o caráter da mudança, aproveitando esse fluxo para determinar a qualidade da sua vida.

Acredite: o pensamento tradicional é o inimigo número um do sucesso. A lei básica do Universo determina que você sempre obterá sucesso, porque você nasceu para ser bem-sucedido.

Sendo assim, o que irá determinar a qualidade do seu sucesso será a atitude que você adotar com relação à vida.

Se o mapa que você vem usando lhe diz que tudo é difícil, que você é limitado e que conseguirá muito pouco na vida, você obterá sucesso e conseguirá exatamente o que espera.

Se o mapa que você usa lhe diz que a vida é infinita em possibilidades criativas e em boas oportunidades, e que você conseguirá muito na vida, você obterá sucesso e conseguirá exatamente o que espera.

A sua atitude com relação à vida, o seu mapa, é uma criação sua. Você a cria na sua mente, através dos seus padrões de pensamentos, crenças, preconceitos, idéias, condicionamentos e tudo aquilo que lhe disseram ou que você concluiu sobre a vida.

A sua vida, a vida de cada pessoa, é um mistério, e só você tem o poder de revelá-lo. Você não nasceu para repetir um padrão, como se fosse uma insignificante peça de uma máquina gigantesca.

Você nasceu, você existe para dar ao mundo sua contribuição, sua singularidade; para aperfeiçoar, melhorar, mudar a realidade. Emmet Fox pergunta: "Você tem uma mente aberta? A janela da sua alma está aberta, deixando entrar o ar fresco e a luz solar da verdade, ou está fechada e vedada pela preguiça mental, ou pela congestão emocional que chamamos de preconceito?

"Nenhum de nós sabe quantas coisas belas temos perdido pelo fato de sermos presunçosos e dogmáticos. Eu não penso que se possa considerar realmente inteligente qualquer pessoa que não tenha um sentido de equilíbrio e de proporção, algum sentido do valor da evidência e boa vontade para examinar idéias novas com uma mente aberta.

"A história das descobertas científicas mostra que quase todo passo novo sofria a oposição das mesmas pessoas que deveriam tê-lo recebido alegremente.

"Harvey foi denunciado por afirmar que o sangue circula em todo o corpo, em vez de se manter imóvel, como se acreditava na época. Galileu foi julgado por dizer que a Terra gira em torno do Sol, e os homens 'sábios' se recusaram até mesmo a olhar através do seu telescópio. Pasteur foi estigmatizado como charlatão, por seus colegas profissionais, pelo fato de propor a teoria dos germes das doenças – a teoria pela qual a maioria dos cientistas de hoje estaria disposta a ir para a fogueira. Jenner foi ameaçado pela polícia por ser um pioneiro da vacinação. O caráter final do átomo está hoje completamente descartado.

"Provavelmente, o único tolo incorrigível é o homem que diz que alguma coisa é impossível, que tudo já foi feito ou que existe algum limite para as conquistas que a inteligência divina, trabalhando na humanidade, pode alcançar.

"A verdade é que nada que é bom é impossível."

Nunca é demais lembrar que, com o surgimento dos conceitos da física quântica, o conhecimento sobre o funcionamento da nossa mente poderá fornecer a chave para a natureza fundamental da realidade.

Enquanto os cientistas se preocupam em formular cientificamente esse conhecimento-chave, tenha sempre em mente que o seu mapa, que qualquer mapa que esteja representando a realidade deve ser considerado provisório e sujeito a reformulações sempre que necessário.

Tenha sempre em mente que não existe nenhuma forma, nenhuma moldura na qual você possa se encaixar para viver uma vida de sucesso. O seu único parâmetro, para viver com sucesso, é ser você mesmo.

Por pensar de acordo com padrões e não poder ajustar-se a um ponto de vista realmente diferente, o homem comum perde muito do significado da vida. Poderá viver, e até progredir, mas não compreenderá tudo o que poderia compreender se estivesse realmente com os olhos abertos.

A história do contrabandista esclarece muito bem o que acontece quando as pessoas estão programadas para ver apenas aquilo que esperam:

Montado no seu burro, Nasrudin costumava cruzar, todos os dias, uma fronteira, levando cestas atulhadas de palha. Todas as pessoas comentavam que ele era contrabandista e, por isso, os guardas revistavam-no, minuciosamente, todos os dias. Apesar de nada encontrarem, ele prosperava visivelmente.

Muitos anos depois, Nasrudin foi morar num outro país, onde encontrou um daqueles funcionários da alfândega.

– Agora pode contar-me, Nasrudin – disse o funcionário. – O que era que você contrabandeava naquele tempo em que nunca conseguimos apanhá-lo?

– Burros! – respondeu Nasrudin.

## PARA REFLETIR

Existe uma antiga história grega que exemplifica o que é uma postura fixa, uma atitude predeterminada:

Um rei possuía uma bela cama de ouro, extremamente preciosa, incrustada de milhares de diamantes e de pedras preciosas. Sempre que tinha um convidado no palácio, o rei oferecia-lhe essa cama. Mas ele tinha uma atitude singular: o convidado tinha de se ajustar à cama. Se ele fosse um pouco maior, mais comprido do que a cama, o rei mandava cortá-lo no tamanho certo. Se fosse menor do que a cama, o rei tinha grandes especialistas que esticavam o convidado até atingir o tamanho certo. Assim, todo aquele que era convidado estava em dificuldades.

Para o rei, a cama era tão valiosa que não poderia ser trocada. Assim, o convidado tinha de se adaptar à cama – como se a cama não existisse para o convidado, mas o convidado existisse para a cama.

O rei se considerava um grande matemático, e muitos cálculos haviam sido feitos para se construir a cama. Ele tinha mandado medir a estatura de todo os seus súditos e essa altura foi dividida pelo número de súditos, de modo que se chegou a uma altura média, de onde ele partiu para estabelecer o tamanho da cama.

Acontece que no seu reino havia pessoas de todos os tamanhos. Havia crianças pequenas, anões, gigantes, jovens, velhos – não havia em todo o reino uma só pessoa que fosse realmente do tamanho médio.

A pessoa de tamanho médio não existe, é uma ficção. Por isso, o rei teve uma vida de frustração: ele nunca encontrou uma só pessoa que se ajustasse de fato à cama!

## DESAFIOS

- Entender que a realidade, quando muito, é um consenso. A realidade não é algo físico e imutável; é uma escolha, é o resultado da sua compreensão atual.
- Fazer o seu próprio Caminho.

## O CAMINHO DO VENCEDOR

*Golpe a golpe,*
*Passo a passo,*
*Caminhante,*
*Não há Caminho.*
*O Caminho é feito ao andar.*
*Andando, se faz o Caminho.*
*E, se você olhar para trás,*
*Tudo o que verá são as marcas*
*De pessoas que, algum dia,*
*Seus passos tornarão a percorrer.*
*Caminhante, não há Caminho.*
*O Caminho é feito ao andar.*

Antonio Machado

## COMANDOS DE PODER

- Estou encontrando a perfeição e a plenitude harmônica do Universo.
- Aceito, amorosamente, a mim, aos outros e ao Universo.
- Abro-me para a vida.
- Estou sempre pronto a descobrir coisas novas.
- Gosto de aprender.
- Eu faço o código, o modelo para me guiar.

- Minha capacidade de compreensão se amplia a cada momento.
- Eu nasci com capacidade para fazer o melhor.
- Tranqüilamente, aceito o fato de estar em constante processo de mudança.
- Estou aprendendo. Estou empenhado no processo de viver.

*Só se aprende a fazer fazendo!*

Aristóteles

# IV

# É possível escolher a liberdade

*Nós, que já moramos em campos de concentração, nos lembramos de homens que andavam entre as cabanas consolando os outros ou dando-lhes o seu último pedaço de pão. Talvez tenham sido poucos, mas oferecem prova suficiente de que tudo pode ser tirado de um homem com exceção de uma coisa: a mais suprema das liberdades humanas, que é a opção de escolher a atitude que quer tomar em qualquer conjunto de circunstâncias, de optar pelo Caminho que vai seguir.*

Viktor Frankl

É você quem faz o seu destino. Apesar de algumas coisas serem predeterminadas, como, por exemplo, a bagagem genética, a família de origem, o local e a época do nascimento, é impossível concebermos o destino como algo inscrito no cerne do indivíduo, como se cada um de nós nascesse com um roteiro completamente detalhado e tudo o que tivéssemos de fazer fosse respirar para continuar vivos e deixar que o roteiro se cumprisse.

Mesmo as doutrinas religiosas e filosóficas que defenderam as idéias de karma e de reencarnação insistem na total liberdade de escolha individual como uma possibilidade de desenvolvimento, de aperfeiçoamento e de auto-superação.

Hoje, é crença comum que o teor dos acontecimentos da nossa vida é gerado por nós mesmos: nós criamos a nossa realidade. No entanto, mesmo que você escolha acreditar que existem eventos inevitáveis, você pode, sempre, optar por encará-los de uma forma positiva, como oportunidades de crescimento, ou de forma negativa, tomando-os como uma cruz que tem de carregar com sofrimento. De todos os pontos de vista, o que resta é a impossibilidade de fugir do conceito de livre-arbítrio. A cada momento da vida estamos exercendo o direito de opção, mesmo nas coisas mais triviais, como escolher o que comemos, o que vestimos ou aonde iremos.

Apesar disso é comum as pessoas culparem o destino pela mesmice, pela insatisfação e pela infelicidade da sua situação na vida. A crença no destino como um caminho traçado *a priori,* e do qual é impossível e mesmo indesejável fugir, serve, magnificamente, como desculpa para o comodismo. Serve para a pessoa se manter perenemente num mesmo estado, independentemente de estar bem ou mal consigo mesma. Nada assusta mais o ser humano que o desconhecido, o novo, o diferente.

Infelizmente, muitas pessoas agem como aquele sapo que pulou para dentro de uma panela com água, sobre uma chama que aquecia a água bem lentamente.

O sapo simplesmente dizia: "Ah, não está nada mau. Uma água morninha até que é uma boa pedida." Enquanto isso, a temperatura da água ia subindo gradualmente. Então o sapo disse: "Ah! Eu me adapto. Posso ficar bem mesmo assim." Quando a água alcançou a temperatura de fervura, o sapo estava tão adaptado que se esqueceu de pular fora e morreu cozido.

Nós temos o livre-arbítrio. Existe, com certeza, um objetivo comum para toda a espécie humana: a manutenção e o aprimoramento da energia vital – a alma, o espírito, a chama, etc. A forma como faremos isso é uma opção individual.

É a capacidade e a possibilidade de decidir que faz do homem um Ser. A decisão é a expressão do livre-arbítrio. O livre-arbítrio é a capacidade de escolher nossa atitude num determinado conjunto de circunstâncias. Por menor que seja, sempre temos liberdade de escolha.

É possível fazer escolhas livres, mesmo diante daquilo que parece necessário ou até inevitável em nossa vida, em vez de simplesmente deixar-se levar pelo fluxo.

Assim que você faz a escolha de como irá encarar – positiva ou negativamente – os eventos, você está livre para enfrentar o que está acontecendo, em lugar de desperdiçar energias resistindo, inconsciente ou mesmo conscientemente, às atitudes que precisa colocar em prática.

Como disse Dulce de Pádua: "A vida é para ser vivida e não para ser sofrida."

Há uma famosa história sobre Thomas Edison. Depois de ter tentado por 9.999 vezes aperfeiçoar a lâmpada e não ter conseguido, alguém lhe perguntou: "Você está disposto a ter 10.000 fracassos?" Edison respondeu: "Não fracassei! Acabo de descobrir outra maneira de não inventar a lâmpada elétrica!"

De certo modo, a escolha livre o torna plenamente responsável por suas condições, por sua vida e por suas ações. Talvez você não faça nada de diferente, talvez ainda precise submeter-se a circunstâncias criadas anteriormente, mas a sua experiência e a sua atitude serão diferentes e, dessa maneira, você estará determinando o teor dos acontecimentos futuros da sua vida.

Marilyn Hamilton tinha 21 anos, era dona de uma grande beleza, quando sofreu um acidente ao praticar vôo livre, e ficou paralisada da cintura para baixo. Ela poderia ter optado pela autocomiseração, pela angústia, pela amargura, pela depressão e pela autopiedade; no entanto, procurou ver na tragédia uma oportunidade para crescer.

Sentindo-se pouco à vontade na sua cadeira de rodas, que era apertada e restringia seus movimentos, achou que poderia criar uma melhor. A partir dessa decisão, passo a passo, criou aquela que é uma das maiores empresas fabricantes de cadeiras de rodas do mundo, beneficiando muitas pessoas, movimentando milhões de dólares e propiciando um exemplo de como podemos dar novo significado a eventos aparentemente negativos.

Sempre, em qualquer circunstância, em vez de ser pressionado pelos acontecimentos exteriores, você poderá optar por fluir livremente com eles.

Compreendendo que, por meio de suas escolhas, você cria a sua realidade, você adquire uma percepção mais ampla da sua própria força.

São inúmeros os exemplos de pessoas que, em situações terríveis, conseguiram reverter o quadro e dar a essas situações um sentido positivo, vendo-as como uma oportunidade para crescer. Assim, comprovaram a sua capacidade de escolha, mesmo que mínima, e demonstraram a nobreza da essência humana. Quando você toma uma decisão livremente, sempre fica com uma sensação de profunda confiança.

Viktor Frankl, um psicólogo que sobreviveu aos campos de concentração nazistas, afirma: "Sempre, em toda a parte, a pessoa está colocada diante da decisão de transformar a sua situação de mero sofrimento numa produção interior de valores."

Como sustenta Anthony Robbins: "O mundo em que vivemos é o mundo que escolhemos para viver, quer consciente ou inconscientemente. Se escolhermos felicidade, é o que teremos. Se escolhermos miséria, assim será, também.

"A crença é o alicerce da excelência. Nossas crenças são abordagens específicas, organizáveis e coerentes da percepção. São as escolhas fundamentais que fazemos sobre como entender nossa vida e, assim, como vivê-la.

"É com elas que ligamos ou desligamos nosso cérebro. Assim, o primeiro passo em direção à excelência é encontrar as crenças que nos guiem em direção aos resultados que queremos."

Você tem plena liberdade. A vida é uma tela vazia: você pode escolher o que vai pintar. Tanto podem ser a mesmice e as limitações quanto o crescimento e a felicidade.

Você tem o poder de usar essa liberdade para fazer com que a vida se torne um inferno ou para fazer com que a vida se torne um paraíso; para fazer com que sua vida se torne plena de realizações e de felicidades, algo divino. Você pode escolher – tem toda a liberdade.

A liberdade é a glória do ser humano. Tudo o mais que existe no mundo é programado. Nenhum outro animal, nenhum vegetal ou mineral recebeu a dádiva da liberdade. Todos os outros seres recebem programas prefixados.

A sua liberdade é uma dádiva. Você nasceu com potencial para criar a si mesmo, para ser autocriador. Você tem a opção de se tornar você mesmo ou um robô. Qualquer escolha é responsabilidade sua.

A partir do momento em que você reconhece que tem, em qualquer situação, liberdade para escolher o modo como irá encarar a experiência, você começa a se responsabilizar por sua vida. Você sabe, então, que pode, a partir daí, mudá-la, torná-la melhor, mais produtiva, mais rica, mais feliz.

Existe um momento no qual você deve renunciar às desculpas fáceis: "Eu sou assim por causa da minha mãe, do meu pai, da sociedade, de Deus ..."

Nesse momento você reconhece que, apesar de, inicialmente, nos primeiros anos da vida, você ter estado à mercê das escolhas de outras pessoas, agora, como adulto, você é o único responsável pela sua vida.

Nesse momento, você descobre que não precisa seguir repetindo um modelo herdado. Descobre que é inútil ficar lamentando o passado, chorando pelo que poderia ter sido e não foi, por aquilo que os outros deveriam ter feito e não fizeram. Descobre que não adianta fugir, pois agora a sua vida está nas suas mãos.

Você descobre que, quando chegar à presença do Criador, Ele não lhe perguntará o que os outros fizeram com a sua vida. Ele vai-lhe perguntar: "... Afinal, o que você fez com a sua vida?"

PARA REFLETIR

**A vida é um espelho**

*Aquilo que você vê é aquilo que você recebe. Tem de ser assim, pois a vida reflete de volta o que você é, tal qual você pensa.*

*Olhe então ao seu redor. Você gosta do que vê?*

*Você criou as suas circunstâncias. Ninguém mais é responsável.*

*Você pode achar isso duro de engolir, mas é verdade. Nós fazemos o nosso mundo. Sem álibis, sem desculpas. Os hindus chamam a isso a lei do karma, a lei da causa e efeito. E São Paulo pontificava: "O que o homem semear, colherá."*

*A vida é como um computador. Estamos constantemente programando-o, para melhor ou para pior. Aquilo com que o alimentamos acaba voltando para nós.*

*A boa notícia é que, se não nos agradam as nossas atuais circunstâncias, podemos fazer algo a respeito! Porque Deus nos assegurou o dom inestimável da ESCOLHA.*

*Estamos capacitados a escolher o tipo de pessoa que queremos ser, o tipo de vida que queremos levar.*

*Sempre temos uma escolha. Se você entra numa floricultura, pede uma dúzia de rosas, mas não gosta da sua aparência, pode mudar de idéia e dizer: Oh, acho que prefiro tulipas! Sem problemas. A vendedora poderá lançar-lhe um olhar atravessado, mas você trará as tulipas. Você pede o que quiser.*

*O mesmo acontece com a vida. Você tem a possibilidade de escolher o que quiser – desde que seja moral e ético. Por que, então, não escolher o melhor? Mire alto. Há um provérbio popular que reza: "Hoje é o primeiro dia do resto da minha vida."*

*Cada manhã é um recomeço. Cada dia surge novinho em folha.*

*Emerson disse: "O entusiasmo é o motor possante do sucesso." Por que, então, não saudar a alvorada com entusiasmo?*

*Mas, e se eu não me sentir entusiasmado?, pergunta você. A solução é simples: finja que está entusiasmado, aja com entusiasmo e em breve sentirá essa velha emoção correndo pelas suas veias e desanuviando o seu semblante.*

*A palavra entusiasmo vem do grego* en-theos *e significa "estar em Deus". Não é magnífico?*

*E mais ainda, você atrairá coisas boas para a sua vida diária, porque então emitirá vibrações positivas.*

*Lembre-se: o que você dá você recebe. Não há escapatória. Por isso, mais vale tirar partido dessa regra.*

*Lance o seu melhor olhar à frente – e a vida o refletirá de todos os lados.**

## DESAFIOS

- Dar novo significado às suas experiências negativas.

*Responda para si mesmo:*

- Há alguma situação que você não possa mudar, à qual não possa dar outro significado?
- Existe algum comportamento que seja parte "imutável" do seu ser?
- Você *é* os seus comportamentos ou é o encarregado deles?

*Reflita sobre as perguntas acima, analisando e considerando algumas situações da sua vida, e responda:*

- De quantas maneiras diferentes você pode ver cada uma dessas situações? Procure criar o maior número possível de opções.

* Do livro de Kenneth Thurston Hurst: *Viva uma vida de prosperidade*, Editora Pensamento, São Paulo, 1994.

- O que você aprende ao vê-las de maneira diferente?
- Olhar uma situação por um outro ângulo, de um outro ponto de vista, não o libera para agir de outro modo?

O CAMINHO DO VENCEDOR

- Lembre-se sempre de que você está no controle. Você dirige o seu cérebro. Você produz os resultados na sua vida.
- Dê novo significado às experiências desagradáveis. Eis alguns exemplos, dados por Anthony Robbins, de experiências que receberam um novo significado:

– Meu patrão grita comigo o tempo todo.

– Tenho de pagar mais impostos este ano.

– Temos pouco ou nenhum dinheiro extra para comprar presentes de Natal este ano.

– Cada vez que começo a me dar bem nos negócios, eu saboto o meu sucesso.

## Novos significados para as afirmações negativas anteriores

1. Vou analisar cuidadosamente o meu comportamento para descobrir se algo que faço desencadeia essa reação. Se for esse o caso, vou mudar a abordagem para conseguir outro resultado.
   – É ótimo que o meu patrão se preocupe o bastante para me dizer como realmente se sente. Ele poderia simplesmente me despedir.
   – Esse é o estilo dele. Infelizmente, ele só age assim com as pessoas de quem gosta.
   – Ele está sempre sob pressão. Vive estressado.
   – Ele tem pouco conhecimento de técnicas modernas de gerenciamento. Atua no estilo tradicional.
2. Isso é ótimo! É sinal de que ganhei mais este ano do que no ano passado.
   – Seria bom se todos pudessem pagar mais impostos – assim os benefícios públicos seriam maiores.
   – Essa é a minha maneira de colaborar com a comunidade.
   – No próximo ano vou fazer contribuições dedutíveis.

3. É uma bela oportunidade para usar a minha criatividade e para criar presentes personalizados.
   – É uma oportunidade para modificar hábitos. Em lugar de dar presentes, por exemplo, posso fazer um serviço. Posso consertar ou reformar os brinquedos das crianças.
4. É ótimo estar consciente daquilo que o meu padrão criou no passado. Agora posso definir o que o acionou e mudá-lo para sempre.
   – Posso usar o passado para aprender, e criar, a partir daí, uma nova realidade para mim.

## COMANDOS DE PODER

- Assumo, com satisfação, que sou o construtor do meu destino.
- Eu faço o meu roteiro.
- Agora, com alegria tomo a decisão de desenvolver todas as minhas potencialidades.
- Estou caminhando, com satisfação, rumo ao sucesso.
- Sempre tomo as minhas decisões.
- Sei que sempre tenho liberdade para escolher.
- Assumo a responsabilidade pelas minhas escolhas.
- Minha vida é uma genuína obra de arte.
- Sou imensamente feliz assumindo o meu direito à liberdade.
- Nasci para ser livre e expressar a minha verdade.

*Pequenas coisas afetam grandes mentes.*

Benjamin Disraeli

# V

# O primeiro passo é essencial

*Tenha sempre em mente que a tragédia da vida não está em não atingir seu objetivo. A tragédia está em não ter objetivos para se atingir. Não é uma calamidade morrer com sonhos por realizar, mas é uma calamidade não sonhar. Não é uma desgraça não alcançar as estrelas, mas é uma desgraça não ter estrela para tentar alcançar.*

Benjamin Mays

Dag Hammarskjold disse: "Não sei Quem, ou o Que fez a pergunta. Não sei quando a fizeram. Nem mesmo me lembro de tê-la respondido. Mas em algum momento eu disse Sim a Alguém – ou a algo – e desse momento em diante tive a certeza de que a existência era significativa e, portanto, minha vida tinha, na entrega de mim mesmo, um objetivo."

Para incluir na sua vida a certeza de alcançar seu objetivo, desperte, aprenda, maneje e utilize as ferramentas que são conhecidas como o método dos cinco "C". Eles o ajudarão e permitirão que você atinja suas metas.

## "C" de câmbio

Você precisa ter um mecanismo, uma disposição interior para mudar de marcha sempre que necessário.

Isso é mais do que ser adaptável, porque, muitas vezes, uma grande capacidade de adaptação revela uma forte tendência para deixar-se levar, para pôr-se à margem da vida e aceitar o que vier.

Você é maior, você é mais capaz do que isso. Ou, como disse o grande psicólogo humanista Abraham Maslow: "Se você, deliberadamente, planejar ser menos do que você é capaz de ser, então eu o previno: você será profundamente infeliz pelo resto da sua vida."

Abandone o comodismo, seja ativo. Nunca se canse de tentar e não tenha medo de mudar, pois só assim encontrará a satisfação e a realização que você merece, que é sua por direito, porque você nasceu para manifestar, para dar ao mundo toda a sua capacidade.

Perguntaram a Ray Kroc, o fundador do grupo McDonald's, qual seria seu conselho para quem quisesse garantir uma longa vida de sucesso. Ele disse para ter em mente o seguinte: "Quando você está verde, você cresce; quando você amadurece, você apodrece." Provavelmente, ele quis dizer: Nunca se acomode.

É uma tendência profundamente humana apegar-se ao conhecido. Isso é muito triste, pois quem se apega ao que tem destrói a trama e o fluxo natural da vida.

Há no Universo um movimento natural que leva à ampliação da consciência, ou à evolução; esse movimento não tem princípio nem fim, não se fixa. É contínuo e está em constante expansão, encontrando eco em novas vivências.

Esteja atento ao que diz a letra da música *Tente outra vez*, interpretada por Raul Seixas:

*Veja*
*Nao diga que a canção está perdida*
*Tenha fé em Deus, tenha fé na vida*
*Tente outra vez*
*Beba*
*Pois a água viva ainda está na fonte*
*Você tem dois pés para cruzar a ponte*
*Nada acabou*
*Tente*
*Levante a sua mão sedenta e recomece a andar*
*Não pense que a cabeça agüenta se você parar*
*Há uma voz que canta, há uma voz que dança*

*Há uma voz que gira*
*Bailando no ar*
*Queira*
*E basta ser sincero e desejar profundo*
*Você será capaz de sacudir o mundo*
*Tente outra vez*
*Tente*
*Não diga que a vitória está perdida*
*Se é de batalhas que se vive a vida*
*Tente outra vez.*

(Raul Seixas/Paulo Coelho/Marcelo Motta)

## "C" de criatividade

É especialmente pela criatividade que o ser humano se distingue dos outros animais.

O ser humano é o único com a possibilidade de, verdadeiramente, modificar seu ambiente. Foi-nos dada a capacidade de não somente imitar, copiar ou reproduzir, mas de criar.

Kenneth Hildebrand nos diz o seguinte: "A criatividade é uma das maiores possessões pessoais do homem, uma das qualidades que o tornam único.

"A criatividade viu dedos mecânicos separando as sementes de algodão, sonhou com a escrita sem ser à mão e que podia multiplicar-se, contemplou meios mecânicos para semear e colher a semente, dominou os raios, fez máquinas mais pesadas do que o ar voarem pelo espaço e, finalmente, dividiu o átomo para liberar sua energia.

"Passo a passo a criatividade tem levado a humanidade ao cume de seus empreendimentos. Ela produziu cada artigo que usamos, fez todas as grandes descobertas para benefício da nossa saúde e conforto, construiu cada igreja e instituição e patrocinou as múltiplas complexidades da civilização moderna.

"Ela é o ingrediente inestimável do progresso moral, sociológico e científico; um dia melhor, uma vida pessoal mais feliz."

Quando falo de criatividade, não estou me referindo somente a grandes criações, a grandes descobertas que revolucionam o mundo. Estou falando em ter criatividade no dia-a-dia, na rotina, no cotidiano.

Ser criativo para modificar, aprimorar a maneira habitual de realizar uma tarefa.

Ser criativo para inventar, com os mesmos ingredientes, um prato diferente.

Ser criativo o suficiente para descobrir em cada problema uma solução.

Ser criativo o bastante para perceber que, além de qualquer limitação, existe um Universo Infinito de possibilidades.

Ser criativo para aceitar novas idéias.

Ser criativo para perceber que sempre existem outras maneiras de ver a vida.

Ser criativo para perceber que a vida é aquilo que você quer que ela seja.

Ser criativo para usar a sua mente de modo a tornar-se uma pessoa melhor e, assim, tornar o mundo melhor.

Ser criativo para abandonar os modelos de comportamento que não refletem seu verdadeiro Eu.

Ser criativo para reconhecer que a essência do ser humano está, exatamente, em ser criativo.

Ser criativo para fazer o que aconselha Robin Williams: "Assim que você pensar que sabe como são realmente as coisas, descubra outra maneira de olhar para elas."

## "C" de comunicação

Ninguém é uma ilha. Você vive num mundo onde a interação com outras pessoas é, até mesmo, inevitável. Você precisa, então, ser um bom comunicador.

A boa comunicação começa quando você aprende a se comunicar consigo mesmo. Quando não existe incoerência entre o que você sente e o que você pensa, aí, então, pode haver uma verdadeira comunicação com o outro.

Você pode dizer – comunicar – a ele, ao mesmo tempo, o que sente e o que pensa.

Para que você consiga o que quer, é necessário, primeiro, saber o que quer e, na grande maioria das vezes, dizer o que quer. Buscar despertar no outro o recurso cooperativo.

Comunicar não é só dizer o que se quer dizer. É também ouvir o que os outros têm a dizer. Isso, para a maioria, é o mais difícil. Como afirma o dramaturgo Albert Guinon: "Existem pessoas que, na hora de ouvir o que lhes está sendo dito, já estão ouvindo o que pretendem dizer." Ou seja, passam a vida a ensaiar suas falas, sem se importarem com o público que vai ouvi-las.

Antes de saber ouvir, é preciso saber calar. Plutarco já dizia: "O falante não ouve ninguém, pois está sempre falando. E o primeiro mal que se abate sobre aqueles que não sabem calar é que não sabem ouvir."

A boa comunicação consigo mesmo é a base para a boa comunicação interpessoal. Por isso, não se esqueça nunca de reservar tempo e espaço para ficar a sós.

Os momentos de solidão acalmam a mente e as emoções, dissolvendo as tensões e as irritações que resultam da convivência com as outras pessoas, com os colegas de trabalho, com os clientes, com a família e com os amigos.

Os momentos de solidão servem para que você, isolado dos estímulos externos, "recarregue suas baterias". Você é a melhor companhia, o melhor amigo de si mesmo. Reserve um tempo, também, para relacionar-se com esse amigo tão especial.

Se você entra num relacionamento esperando que o outro retribua tudo na mesma medida, você, provavelmente, já acumulou uma coleção de desapontamentos.

Ao iniciar um relacionamento, lembre-se de que você e a outra pessoa têm histórias diferentes.

Além de não ser possível, também não é desejável que duas pessoas se equilibrem por completo. É o desequilíbrio que cria o desafio e a motivação para o crescimento.

Na realidade, em resumo, só existe uma regra básica para uma boa comunicação: você precisa estar interessado na outra pessoa – você precisa, mais do que um conjunto de regras e dicas de comunicação, muito mais do que demonstrar, precisa realmente ter interesse na outra pessoa, no que ela pensa, sente, deseja e diz.

Você precisa gostar do ser humano – gostar de gente. Precisa querer, desejar conhecer o outro em suas particularidades, em sua singularidade. Precisa maravilhar-se com a perfeição da Criação Divina, que consegue fazer bilhões de seres tão parecidos e, ao mesmo tempo, tão diferentes entre si.

Da mesma forma como as pessoas apaixonadas conseguem se comunicar satisfatoriamente, mesmo quando falam línguas diferentes, também você consegue comunicar-se satisfatoriamente quando gosta de gente.

## "C" de confiança

Todos os seres humanos nascem com potencial para se realizar – para expressar plenamente todas as suas capacidades.

Toda pessoa reúne, na sua essência, condições para ser saudável, criativa, empreendedora, feliz.

Terá sido você o único ser humano que deixou de receber amplas possibilidades de crescer, de se desenvolver e de se realizar?

Aceite a sugestão de Kenneth Hildebrand: "Pense nesta bela sentença: 'Deus jamais colocou alguém num lugar pequeno demais para crescer.' Onde quer que seja o nosso lugar – na fazenda, no escritório, atrás de um balcão, à escrivaninha de um professor, numa cozinha, usando uniforme ou cuidando de uma criança – quando suprimos esse lugar com o melhor de nossas qualidades, o crescimento pessoal é inevitável. Pelo menos três coisas começam a acontecer: fazemos um trabalho melhor do que o que estamos fazendo; expandimos os nossos talentos pelo seu uso constante; preparamo-nos para uma responsabilidade maior e para uma oportunidade mais ampla."

Se você ainda não percebeu, está na hora de dar-se conta de que todo ser humano tem dentro de si todas as qualidades existentes, tanto positivas quanto negativas.

Você também tem dentro de si a semente da autoconfiança. Basta cuidar dela para que floresça, desabroche e frutifique.

Acredite: você pode!

Defina seus sonhos, ponha-se a caminho e o Universo todo virá em seu auxílio.

Acredite em você mesmo!

Se você não é importante para uma multidão, seja bom para você mesmo, ao menos para você, seja a pessoa mais importante do mundo!

Se você acha que não é admirado por ninguém, seja justo consigo mesmo: admire-se!

Você pode encontrar mil razões para se amar e para confiar em si mesmo. Basta que você seja bondoso, justo, afetuoso e motivador para si próprio.

Marcel Proust lembra: "A sabedoria não se transmite; é preciso que a gente mesmo a descubra depois de uma caminhada que ninguém pode fazer em nosso lugar, e que ninguém pode evitar, porque a sabedoria é uma maneira de ver as coisas.

"Não há homem, por mais sábio que seja, que em alguma época não tenha levado uma vida ou não haja pronunciado palavras que não lhe agrade recordar e que quisesse ver anuladas. Mas não deveria pensar assim, pois não se pode estar certo de alcançar a sabedoria, na medida do possível, sem passar por todos os enganos e erros que a precedem."

## "C" de compromisso

Ter um compromisso com alguém ou com alguma coisa significa priorizar. É pôr em primeiro lugar esse alguém ou essa coisa.

Seu compromisso primordial é consigo mesmo: compromisso com o seu desenvolvimento, com o seu crescimento; compromisso com os seus ideais, com os seus objetivos.

Compromisso com a verdade, com a congruência, com os seus valores – honestidade, lealdade, fidelidade e justiça – consigo mesmo.

Compromisso com o seu bem: quando você se compromete com o seu próprio bem, espontaneamente, isso se estende para o coletivo.

Os compromissos podem variar de acordo com os seus objetivos. O compromisso é sempre com aquilo em que você acredita no momento: se você muda, seus compromissos mudam.

O importante é que essa mudança seja feita com responsabilidade, com consideração por todos aqueles que estejam envolvidos.

Quando você está comprometido, deve estar de corpo e alma, completamente integrado e direcionado para aquela meta.

Sabemos que os eventos só se concretizam quando alcançam um determinado nível de energia, e essa energia emana dos nossos desejos, pensamentos e ações.

Para exemplificar esse fato, usa-se sempre o "experimento do centésimo macaco". Em certa ocasião, um grupo de antropólogos estava realizando um estudo sobre o comportamento dos macacos, num arquipélago composto por várias ilhotas.

Numa das ilhas, uma das pesquisadoras resolveu ensinar uma macaca a lavar a batata-doce que era jogada na areia como alimento. A macaca aprendeu a lavar o alimento antes de comê-lo.

Logo, outros macacos começaram a imitar esse novo comportamento e, a cada dia, o número de macacos que lavava suas batatas aumentava.

Até aí nada de novo, pois a adesão a esse comportamento podia ser atribuída ao simples efeito imitativo.

O fato surpreendente aconteceu quando o "centésimo macaco" daquela ilha começou a lavar suas batatas: nesse dia todos os outros macacos daquela ilha passaram a fazê-lo e, para surpresa dos pesquisadores, *todos os macacos que habitavam as outras ilhas do arquipélago, e que não tinham contato físico entre si, passaram também a lavar as batatas.*

Esse experimento veio comprovar que o conhecimento, a evolução tende a encontrar meios para transmitir-se por si só, a partir do momento em que um determinado nível de energia é alcançado. Portanto, se você tem um ideal, um sonho, seja perseverante, comprometa-se com ele e, com certeza, quando a energia que você emite com seus desejos, pensamentos e ações atingir o "ponto de mutação", eles se realizarão.

Se você assume um compromisso consigo mesmo, não há limites para o que você pode conseguir. Quando você acredita que tudo é possível, as conquistas são obtidas naturalmente.

Ninguém sabe melhor do que você o que é essencial para o seu crescimento e felicidade. Os que se comprometem com a própria vida lançam mão do conhecimento, da experiência, da crença em si mesmos e do otimismo para atingir seus objetivos.

**Não há barreiras para os seus sonhos se você acreditar que pode realizá-los.**

## PARA REFLETIR

O dr. Robert Schuller, que ensina o conceito de pensamento de possibilidade, faz uma grande pergunta: "O que você tentaria fazer se soubesse que não poderia fracassar?

"Pense nisso. Como responderia? Se realmente acreditasse que não poderia falhar, poderia adotar toda uma série de novas medidas e conseguir novos resultados desejados, fortalecedores.

"Não estaria você ficando melhor, tentando-os? Não é essa a única maneira de crescer? Portanto, sugiro que comece a compreender agora que não existe coisa como o fracasso.

"Há somente resultados. Você sempre produz um resultado. Se não é aquele que deseja, talvez mudando suas ações você produza novos resultados, mais satisfatórios."

## DESAFIOS

- Estar sempre preparado para, se necessário, começar outra vez.
- Aventurar-se, procurar se abrir para o novo, para a mudança; nem sempre o conhecido é o melhor para você. Somente conhecendo as opções que existem você pode fazer escolhas eficazes.
- Assumir a responsabilidade pela sua vida.
- Libertar-se da crença de que está à mercê das circunstâncias, de que as coisas simplesmente acontecem com você. Será que você é um objeto, e não um sujeito? Aceite o poder de criar o seu mundo.
- Quando tiver uma idéia, não se renda à lei do menor esforço, procure realizá-la.
- Deixe de ser juiz e carcereiro de si mesmo. Seja seu melhor amigo, incentive-se honestamente com bondade.
- Confie em si mesmo – não é necessário ter medo do seu "verdadeiro eu". Tudo o que existe no Universo é bom, belo e justo, dependendo de como é usado.
- Assuma o compromisso de tornar a sua vida a melhor possível.

## O CAMINHO DO VENCEDOR

O caminho para o sucesso consiste em:

- Visualizar os resultados desejados.
- Agir com a intenção de alcançar esses resultados.
- Avaliar, passo a passo, os progressos obtidos.

- Sempre que necessário, ter flexibilidade para provocar e/ou para aceitar mudanças, até alcançar o sucesso.
- Não importa o quanto você acredita num conceito, você deve manter-se sempre aberto para outras possibilidades e para um contínuo aprendizado.

## COMANDOS DE PODER

- Eu me adapto facilmente às mudanças.
- Eu nasci para ter uma vida gloriosa.
- Sempre sou criativo.
- Meu mundo é infinito em possibilidades.
- Há solução para tudo.
- Gosto de gente.
- Sou capaz.
- Tenho muito confiança em mim mesmo, porque sei que sou divinamente guiado.
- Assumo compromissos com aquilo que quero e em que acredito, porque sei que estou habilitado para cumpri-los.
- Comprometo-me comigo mesmo.
- Assumo expressar toda a grandeza e beleza do meu ser.

*As metas são as estrelas pelas quais você navega no barco da vida. Cabe a você criar essas estrelas, iluminar essas estrelas, colocá-las em lugar visível e seguir em direção a elas.*

Amy Dean

# VI

# Toda manifestação do poder universal é perfeita

*Há uma única pessoa no mundo que realmente pode fazer você feliz.*
*Há uma única pessoa no mundo que realmente pode fazer você infeliz.*
*Que tal conhecer essa pessoa mais intimamente?*
*Para começar, olhe-se no espelho; sorria e diga: "olá!"*

Ken Keyes Jr.

Conta uma história zen que existiu um místico chamado Magid, adepto do hassidismo. Magid era um homem comum e ninguém sabia muito a seu respeito. O que se sabia é que ele era um homem realmente autêntico.

Quando Magid estava morrendo, alguém lhe perguntou:

– Magid, você rezou a Deus para fazê-lo como Moisés?

Magid, indignado, abriu os olhos e, com o que lhe restava de forças, disse:

– Pare! Não diga semelhante asneira enquanto eu estou morrendo. Deus não irá me perguntar por que não me tornei Moisés. Ele perguntará: "Magid, por que você não se tornou um Magid real?"

As pessoas não o compreenderam, acharam que isso era um insulto a Moisés. Não entenderam que a virtude de Moisés foi a de ter-se tornado Moisés: essa é sua beleza.

E somente a beleza, somente o ser que desabrochou pode ser oferecido a Deus. Como iria Deus perguntar a um cravo: "Por que você não se tornou uma rosa?" Como poderia Deus ser tão tolo? Deus não é tolo. Ele perguntará ao cravo: "Por que você não desabrochou totalmente? Por que voltou como um botão e não como uma flor?"

E Deus perguntará a cada ser: "Você concretizou o seu potencial? O que fez com os talentos que lhe dei?"

Desabrochar é o essencial. Se você é um cravo, ou uma rosa, ou qualquer outra flor, não faz diferença. O essencial é que você chegue à porta do Divino como uma flor aberta, desabrochada, e não fechada como um botão.

Muitas pessoas acham que não podem se amar porque não são consideradas, seja pela mídia, pela sociedade ou pelos outros, pessoas bonitas, inteligentes, talentosas ou de sucesso.

Conforme diz Robert Zend: "As pessoas têm uma coisa em comum – são todas diferentes."

Não existe no Universo inteiro nenhum outro ser totalmente igual a você. E você sabe, perfeitamente, que tudo aquilo que é único, que é raro, que tudo aquilo que é exclusivo é profundamente valorizado.

Você é único, você é raro, você é exclusivo – portanto, você é valioso.

Lembre-se da mensagem de Cristo: "Ama o teu próximo como a ti mesmo." Perceba que nessa frase está implícito que você se ama, que só quem ama a si mesmo pode amar o outro.

Amar a si mesmo é conhecer-se, e conhecer suas qualidades positivas e negativas, suas reações, seus padrões de pensamento, suas potencialidades e seus limites. É aceitar-se como um ser que está em processo de desenvolvimento

Amar a si mesmo é aceitar-se como se é na realidade: uma pessoa complexa, com características próprias, com qualidades desenvolvidas e outras por desenvolver. Amar-se é ter respeito por si mesmo e um profundo sentimento de gratidão pelo milagre da vida.

Amar a si mesmo é fundamental. É por meio do amor que encontramos o sentido da vida. Quando você é capaz de se amar, você, automaticamente, ama a vida, a natureza, o outro.

Amar a si mesmo se justifica na premissa, na verdade fundamental de que somente somos capazes de dar o que temos e de ensinar o que sabemos.

Portanto, a meta de cada ser humano é desenvolver o melhor Eu possível, para poder dar ao semelhante o melhor possível.

Como disse São Lucas: "Somente aquele que já fez o máximo para alcançar a glória e a felicidade pessoal está fortalecido e apto a prestar serviços a familiares, a Igrejas e a comunidades."

Convença-se de uma vez por todas: "Você já é perfeito. Ninguém pode ser melhor do que você, por mais que tente."

Isso não significa que você não tenha potencial para se tornar melhor; significa simplesmente que você não está competindo com ninguém. Quando, com toda a sinceridade, você aceitar o fato de que vai ter tudo o que precisa ao tornar-se plenamente você mesmo, você se livrará da identidade artificial que criou.

Sendo quem você é, as energias que você desperdiçava lutando contra si próprio poderão ser aplicadas numa atividade mais produtiva.

Como você é um ser de singular qualidade, a mensagem, nesse caso, é clara. Você tem algo a oferecer que só você pode concretizar. Ignorar esse fato não será apenas uma tragédia para você: será também uma tragédia para o mundo.

A grande verdade, o grande objetivo da vida é o amor. É por meio do amor que podemos expressar a emanação divina que realmente somos.

Maravilhe-se com a perfeição do Universo, onde não existem duas coisas exatamente iguais, onde todas as coisas são necessárias, belas e perfeitas. Você é um componente do Universo. Reconheça, aceite e expresse a sua singularidade.

## PARA REFLETIR

Analise a questão apresentada por Jung: "A aceitação de si mesmo é a essência do problema moral e a epítome de toda uma visão de vida.

"Alimentar os famintos, perdoar um insulto, amar o inimigo em nome de Cristo – todas essas coisas são, sem dúvida alguma, grandes virtudes.

"Aquilo que faço ao menor dos meus irmãos, eu faço a Cristo.

"Mas o que acontece se eu descobrir que o menor dentre eles, o mais pobre dentre os mendigos, o mais impudente de todos os pecadores, o próprio inimigo, todos eles estão dentro de mim, e que eu, eu mesmo, preciso de esmolas da minha própria bondade, que eu mesmo sou o inimigo que preciso amar – o que acontece então?"

## DESAFIOS

- Livre-se da auto-sabotagem.
- Renda-se a você mesmo, aos outros, à vida!
- Não há nada a fazer senão desfrutar o que a vida oferece.

## O CAMINHO DO VENCEDOR

- Estar atento ao amor.
- Permanecer aberto e deixar o amor fluir.

## COMANDOS DE PODER

- Maravilhado, reconheço a perfeição do Universo, onde todas as coisas são perfeitas e belas.
- Sou uma criatura do Universo – portanto, sou perfeito e belo.
- Reconheço e aceito com alegria minha singularidade.
- Sei que é possível sermos diferentes e, ainda assim, estarmos certos.
- Gosto de mim mesmo; por isso, sempre me elogio.
- Gosto de mim mesmo; por isso, só digo coisas agradáveis a meu respeito.
- Sou atencioso comigo mesmo. Cuido bem de mim.
- Adoro estar em processo de desenvolvimento.
- Uso meus sentimentos positivamente.
- Sou divinamente amado.
- Sou parte importante da ordem, da harmonia, da beleza e da perfeição do Universo.

*O homem feliz é, portanto, o homem que, sem buscar diretamente a felicidade, inevitavelmente, descobre a alegria como um bônus a mais pelo ato de tomar a dianteira e alcançar a plenitude e a finalidade de seu próprio Eu.*

Norman Vincent Peale

# VII

# Querer é poder

*Suponha, por exemplo, que você esteja escalando uma montanha e se coloque numa posição da qual a única saída é um temível salto.*

*Tenha fé em que você pode fazê-lo com sucesso e seus pés serão enervados para essa façanha.*

*Mas desconfie de si mesmo e pense em todas as "doces" coisas que você ouviu os cientistas dizerem sobre os "talvez" e você hesitará por tanto tempo que, ao final, totalmente nervoso e trêmulo, ao se lançar, num momento de desespero, você rolará no abismo.*

*Nesse caso, a questão de sabedoria, assim como a de coragem, é acreditar no que está na linha de suas necessidades, pois só com essa fé a necessidade será satisfeita.*

*Recuse-se a acreditar, e você poderá, de fato, estar certo, pois poderá, irrecuperavelmente, perecer.*

*Mas acredite e novamente você poderá estar certo, pois poderá salvar-se.*

*Você torna um ou outro dos universos possíveis verdadeiro por meio da sua confiança ou desconfiança.*

William James

Quando queremos, temos poder. – Essa frase sempre resume uma grande verdade.

Então, por que essa verdade não se manifesta no dia-a-dia das pessoas?

Todos dizem querer coisas positivas, saúde, progresso, prosperidade, riqueza, felicidade, mas a realidade nos mostra, na maioria das vezes, vidas de estagnação, sacrifícios e sofrimentos.

A resposta deve ser procurada no entendimento e na modificação do funcionamento da mente.

"Se você faz o que sempre fez, consegue o que sempre conseguiu."

Se você diz que quer tricotar um blusão, mas, automaticamente, por hábito, se põe a fazer os pontos e a medida próprios para um cachecol, ao final de todo o esforço e tempo despendidos, terá um cachecol.

Ou, como se costuma dizer: "Se você planta abacaxi, colherá abacaxis." Você colhe exatamente aquilo que plantou!

Henry Ford dizia: "Se você pensa que pode ou pensa que não pode, tem razão."

Tome cuidado com aquilo que imagina, que pensa de si mesmo. Inúmeras evidências científicas confirmam que a imagem mental que temos de nós mesmos, mais que qualquer outra coisa, determina o teor da nossa vida.

O cérebro funciona como um piloto automático, conduzindo sua vida de forma a tornar real a imagem que você tem de si mesmo.

Seu subconsciente pode trabalhar a favor ou contra você. A opção é sua: você pode apresentar ao seu cérebro metas que o façam se sentir realizado ou limitações que o frustrem.

Seu subconsciente age como um computador, processando dados a partir de uma informação inicial que lhe é fornecida: se receber lixo, processará lixo, que resultará em mais lixo. Se você dá entrada a pensamentos bons, obtém bons resultados.

Daí se conclui que o que importa, o que se manifesta ou se torna realidade, não é o que se quer conscientemente, mas, sim, aquilo que está plantado, registrado no subconsciente.

A partir do momento em que você entender essa lei e a aplicar, mudanças dinâmicas começarão a acontecer. Você precisa saber que os hábitos e padrões de comportamento indesejados ou aparentemente incontroláveis podem e devem ser alterados. Quando você tem uma auto-imagem positiva, você consegue a autoconfiança necessária para realizar tudo o que quiser.

Numa entrevista em que era questionado sobre a razão do seu rápido sucesso, um empresário do ramo de eletrônica disse:

"Se você pensa e age sempre do mesmo modo, pode conseguir progredir de 5 a 10% se trabalhar mais. No entanto, para conseguir o dobro ou mais, as metas devem ser suficientemente elevadas para se dizer: 'Bem, se você quer um avanço tão grande, temos de fazer isso de um modo inteiramente novo.' "

Conta uma antiga fábula que um peregrino ia passando por uma aldeia em pleno temporal, quando vê uma casa incendiada por um raio. Ele se aproxima e percebe que lá dentro está um homem, sentado na sala, em meio às chamas.

– Ei! Sua casa está pegando fogo! – grita o peregrino.

– Eu sei disso – responde o homem.

– Então por que não sai daí? – insiste o peregrino.

– Porque está chovendo – responde o homem. Minha mãe sempre me disse que a chuva pode me fazer ficar com pneumonia!!! – acrescenta o homem.

Comentando essa fábula, Zao Chi diz: "Sábio é o homem que consegue mudar de situação quando se vê forçado a isso."

Alguma vez, ao passar por um circo, você já se perguntou como o treinador consegue que o elefante fique preso a uma corda comum amarrada na pata?

O treinador usa um truque muito simples: desde que o elefante nasce, ele amarra uma de suas patas num tronco muito forte.

Por mais que o elefantinho tente soltar-se, ele não consegue. Pouco a pouco, o elefantinho vai desistindo e rende-se à idéia de que o tronco é mais forte do que ele.

Depois de adulto, magnificamente poderoso e forte, basta colocar uma corda em sua pata e amarrá-la a um graveto, que ele nem tenta se libertar. Ele está condicionado, seus padrões de pensamento lhe dizem que é inútil tentar – ele já tentou muitas vezes e não conseguiu.

Será que, do mesmo modo que o elefante do circo, seus pés não estão amarrados em algo frágil?

Será que um simples ato de coragem não o libertará?

Gerd Ziegler comenta o seguinte a esse respeito: "Às vezes, os problemas nos parecem insuperáveis em razão de sistemas e de convicções antigos e limitadores, como por exemplo: 'Sou fraco e dependente'; ou 'se eu me afirmar serei castigado'; ou 'sou basicamente inepto'. Em alguma situação do passado, talvez na nossa infância, esses sentimentos podem ter tido alguma validade, mas já não têm relação alguma com a nossa realidade atual.

"Contudo, continuamos arrastando essas crenças conosco e experimentando repetidamente situações que as reforçam. Dizemos a nós mesmos, por exemplo, que a nossa falta de jeito nos faz derrubar e quebrar as coisas.

"A realidade é um pouquinho diferente. Não caímos nas situações por simples acidente, mas nós as criamos à nossa volta, com base em nossas crenças sobre a realidade.

"Um homem embaraçado pela sua terrível 'falta de jeito', por exemplo, restringirá de tal modo seus movimentos, com medo de ser desajeitado, que esses movimentos se tornarão, de fato, desajeitados.

"Toda a graça natural que possa ter permanece oculta e não desenvolvida, porque, em algum momento no passado, alguém o convenceu a se ver como desajeitado."

Aceite que a mente é uma ferramenta que você pode usar da forma como quiser. O modo como você a usa agora é apenas um hábito, e os hábitos, quaisquer que sejam, podem ser mudados, adequados às necessidades, adaptados à realidade que você quer criar.

Os pensamentos que você escolhe criam as experiências que você tem. Se você opta por acreditar que é difícil mudar um hábito ou pensamento, isso será verdade para você. Se você resolve que é fácil fazer modificações, então isso também será verdade para você.

Existe um incrível poder e inteligência dentro de você, que está reagindo constantemente aos seus pensamentos e palavras. À medida que vai aprendendo a controlar a mente pela escolha consciente de pensamentos, você se alia a esse poder e inteligência.

Assuma o controle da mente. Treine, utilize e controle os seus níveis mentais. Todo o poder e sabedoria do Universo já são seus. A mente é o seu instrumento e veículo de manifestação.

Assuma o controle.

Você está perfeitamente equipado para a felicidade, para a saúde, o sucesso e a realização. Se algo não vai bem na sua vida, se você não está conseguindo tudo o que merece, é hora de parar e ouvir seus pensamentos, é hora de prestar atenção à maneira como vem programando o seu inconsciente.

Para entender melhor o funcionamento da mente, você pode, usando um artifício, separá-la em dois grandes níveis: o consciente e o inconsciente.

O consciente contém tudo aquilo de que você tem ciência ou conhecimento neste momento, ou seja, tudo o que você está vendo, ouvindo, sentindo e pensando neste exato momento.

O inconsciente contém tudo aquilo que não está no foco da sua atenção neste exato momento: suas experiências passadas, vivências, juízos e sentimentos anteriores. Alguns desses conteúdos são de fácil acesso; outros, nem tanto.

O inconsciente é também o nível em que se encontram todas as grandes potencialidades latentes.

Para uma melhor compreensão, costuma-se dizer que os conteúdos do inconsciente que estão mais próximos, mais acessíveis à consciência, estão no subconsciente.

O subconsciente tem uma particularidade muito interessante: ele pode ser comparado a um computador. Assim como o computador é programado, o subconsciente também o é. Ele faz exatamente o que foi instruído a fazer.*

Isso equivale a dizer que, por melhor que seja o computador, ele deve ser programado adequadamente, pois fará exatamente o que estiver registrado no seu programa.

Você é o operador. Você é o senhor da sua mente.

Você é um capitão no comando de um navio que fará uma viagem boa ou má, dependendo do conteúdo das ordens que você der.

Se você tem um balde com água suja, e a quantidade dessa água equivale a um copo, uma maneira de limpá-la é encher o restante do balde com água limpa, de modo que a sujeira ficará tão diluída que já não turvará a água.

Assim, se o seu subconsciente está programado para a doença, o pessimismo, a infelicidade, o fracasso, por exemplo, basta impregná-lo, o máximo possível, com mensagens de saúde, de otimismo, de felicidade, de sucesso, de prosperidade, etc.

Portanto, se você quer, você pode!

Para começar basta saber, consciente ou inconscientemente, o que quer. O Criador lhe deu a Vontade, a possibilidade de desejar, de querer. Isso quer dizer que a sua possibilidade de expressão, de auto-realização

* Para obter maiores informações sobre este tema, consulte o meu livro *Se você quer, você pode!*, Editora Cultrix, São Paulo, 1994.

se concretiza quando você realiza seus desejos, quando satisfaz sua vontade, alcança seus sonhos.

Quer dizer, também, que os seus desejos, vontades e sonhos já contêm em si tudo o que é necessário para a sua realização.

Desejos são como sementes – já têm dentro de si uma árvore inteira.

Como aconselha Goethe: "O que você quer fazer, ou acha que pode fazer, comece a fazer.

"A ousadia contém gênio, força e magia.

"Simplesmente, disponha-se a fazer, e logo a mente se empolga.

"Comece o trabalho, e ele se completará."

O grande psicólogo William James diz: "A mente engendra a verdade sobre a realidade... Nossas mentes não estão aqui simplesmente para copiar uma realidade que já está completa. Estão aqui para completá-la, para acrescentar-lhe importância pelo seu próprio remodelamento, para decantar seus conteúdos, por assim dizer, numa forma mais significativa.

"De fato, a utilidade da maior parte do nosso pensamento é ajudar-nos a modificar o mundo."

PARA REFLETIR

## Como ser bem-sucedido

*Os sucessos que teremos no futuro estão assentados no nosso sentimento de confiança nos sucessos passados. Essa confiança nos infunde um estado de espírito que leva naturalmente ao sucesso.*

*Por conseguinte, tudo o que precisamos fazer é ter em mente os sucessos passados e esquecer tudo o mais. Um fracasso só serve para nos ensinar a não fazer determinada coisa. Tendo aprendido essa lição, devemos esquecer o fracasso, pois, se o carregarmos conosco, ele influenciará o nosso comportamento futuro.*

*Não podemos dar a nós mesmos a ordem consciente de ser bem-sucedidos, do mesmo modo que não podemos obrigar-nos a relaxar. No entanto, podemos tomar conscientemente a decisão de nos sentirmos bem-sucedidos. Podemos decidir que queremos ser física e mentalmente saudáveis, e alcançar essa meta predispondo nossa mente inconsciente para resultados positivos e bem-sucedidos.*

*O que acontece na mente afeta as reações do corpo. Desse modo, nossas ações, sentimentos e comportamentos resultam quase sempre do nosso estado mental. Se mudarmos nossas imagens mentais, poderemos, automaticamente, alterar as nossas ações, sentimentos e comportamentos. Comportamo-nos de acordo com o que imaginamos. A chave para o sucesso consiste em controlar as imagens mentais. Tudo o que quisermos mudar há de começar com a nossa maneira de pensar.*

*Em geral, somos vítimas do hábito. Sempre esperamos que aconteça aquilo a que estamos acostumados. Entretanto, visto ser possível controlar as nossas imagens mentais por meio de simples exercícios, podemos, em conseqüência, controlar a nossa imaginação. Sempre determinamos o perfil da nossa vida conforme as crenças que nutrimos a respeito de nós mesmos.*

*A hipnose é um exemplo do poder das imagens mentais. Sob hipnose, sua mente consciente pode ser informada de que você está segurando uma brasa e seus dedos poderão efetivamente ficar empolados, mesmo que você não esteja segurando nada. Por outro lado, os iogues indianos podem caminhar sobre brasas sem se queimar, porque aprenderam a controlar os seus processos mentais. A imagem mental pode ser mais forte do que o fato exterior.*

*Se você conseguir imaginar-se como uma pessoa bem-sucedida, certamente você encontrará uma via de sucesso. Imagine-se com saúde, e seu corpo curará a si próprio. Imagine-se feliz, e feliz se sentirá. Você pode dirigir sua vida de momento em momento; você detém o controle do seu destino.*

*O segredo da boa saúde está em aprender a superar a tensão que nos predispõe à doença. O segredo da felicidade está em aprender a superar as forças negativas que nos predispõem à adversidade.*

*Mudando de atitude, podemos mudar o nosso destino.**

---

* Do livro de Alexandre Collins Dickerman: *A aventura da autodescoberta*, Editora Cultrix, São Paulo, 1994.

DESAFIOS

- Determinar suas próprias crenças e livrar-se de crenças, sentimentos, relações ou idéias prontas que o limitem.
- Permitir que a verdade seja revelada. Aceitar a idéia de que se você quer, você pode.

O CAMINHO DO VENCEDOR

- Aprenda tudo o que puder sobre visualização criativa e utilize-a para criar a sua realidade.

COMANDOS DE PODER

- Aquilo que eu quero eu obtenho.
- Meus sonhos têm tudo o que é necessário para se concretizarem.
- Sempre consigo o que quero.
- Estou sempre aberto às modificações positivas.
- Sou receptivo a novas idéias.
- A cada dia que passa, eu me torno melhor.
- Sou o senhor da minha vida.
- Minha mente está cheia de sementes de felicidade, de alegria, de saúde e de prosperidade.
- Sou rico em todos os aspectos.
- Tudo é possível.
- Minha mente é um jardim cheio de sementes de abundância.
- Eu quero, eu posso!

*Aprendemos a fazer milagres assumindo conscientemente o controle do nosso cérebro.*

Paul Pearsall

# VIII

# A fé move montanhas

*Se você se julgar derrotado, derrotado estará;*
*Se achar que não tem coragem, nada fará;*
*Se quiser vencer, mas pensar que não pode,*
*É quase certo de que não poderá.*
*Se achar que vai perder, está perdido;*
*Pois, por este mundo afora, descobrimos*
*Que o sucesso depende da vontade do indivíduo;*
*Tudo depende do estado de espírito.*
*As batalhas na vida nem sempre são vencidas*
*Pelo homem mais forte ou mais ligeiro.*
*Porém, mais cedo ou mais tarde, quem vence*
*É o homem que acha que pode vencer.*

Norman Vincent Peale

A fé é o que dá sentido à vida. Quem está vivo tem fé. Algumas pessoas têm fé num Deus, de uma ou de outra religião ou sistema filosófico, numa idéia pessoal de Deus, na ciência, num determinado princípio ou sistema, na humanidade, em si mesmas, etc.

A fé é determinante em nossa vida; por isso devemos direcioná-la adequadamente.

Precisamos avaliar se estamos depositando a nossa fé naquilo que o nosso interior, a nossa essência, nos aponta, ou naquilo em que fomos condicionados a ter fé.

Digo isso porque, por muitos séculos, quase todas as religiões se empenharam em nos tirar a certeza de que a nossa essência é divina, de que somos seres divinos, de que Deus está em cada um de nós. Essas religiões colocaram Deus fora de nós, no céu, inacessível aos mortais comuns.

O contato com Deus só poderia ser feito por intermédio de "representantes autorizados", dos detentores de "conhecimentos especiais".

Esses "eleitos" se consideravam donos da Verdade Absoluta. E, por terem o "poder", acumulavam riquezas e bens materiais que, conseqüentemente, aumentavam mais ainda o seu poder.

Para preservar o seu *status* eles estabeleceram uma série de leis, dogmas, doutrinas, mandamentos e preceitos morais, muitas vezes contrários à razão e à natureza humana.

Aos "justos", àqueles que renunciaram, que sofreram, que obedeceram, que se robotizaram, eles prometiam a recompensa futura, o acesso ao Paraíso e à felicidade depois da morte.

Pense e você há de convir que é muita ingenuidade acreditar em Deus como um velhinho de barbas brancas, sentado num trono, em cima das nuvens, observando até mesmo o mais banal dos nossos atos, anotando em um grande livro todas as qualidades positivas e negativas de cada um dos seres humanos. Ou acreditar que Deus é como um diretor de um grande filme ou peça teatral que determina em detalhes o destino de cada um.

É muito mais construtivo acreditar num Deus que concebeu o homem "à Sua Imagem e Semelhança", e que é de grau e não de qualidade a diferença entre Ele e nós. É muito plausível acreditar que temos, em potencial, todas as características divinas.

Cada um de nós é responsável pela manutenção e pelo aprimoramento de uma Energia Vital, Centelha Divina ou Alma, que nos foi dada em consignação.

Assim como uma gota d'água do mar é o oceano e, ao mesmo tempo, contém todas as suas características, o mesmo ocorre com o ser humano: ele é uma parte do Todo Divino.

A fé é aquilo em que você verdadeiramente acredita. Se você acredita que o ser humano está na Terra para purgar os seus pecados através da dor, da insatisfação e do sofrimento, é isso que será reproduzido em sua vida.

Se você não se considera merecedor, não se acha digno de ser feliz, de se realizar, se pensa que tudo deve ser conseguido com muita luta, dor e sacrifício, assim será para você.

O ser humano foi condicionado a aceitar a idéia de que algumas pessoas são, naturalmente, mais afortunadas, têm mais poderes e menos limitações do que outras.

Esse tipo de condicionamento serve para manter o *status quo*. Aqueles que se consideram afortunados são realmente afortunados e aqueles que se consideram desafortunados são de fato desafortunados – sua vida é aquilo em que você acredita.

No entanto, a mesma sabedoria e as mesmas capacidades pertencem a cada um e a todos igualmente. Na verdade, a grande diferença nas graduações de talento e de capacidade está naquilo que foi aceito e não naquilo que foi dado.

Assim como a luz do Sol, a Luz Divina está sempre à disposição de todos. O uso que se faz dela é que é uma escolha pessoal.

Você já entendeu que a realidade é produto daquilo que você pensa, dos seus valores e condicionamentos, e que, em última instância, a sua realidade, a sua vida é o resultado daquilo em que você acredita, da sua fé.

O que se manifesta na sua vida é aquilo em que você acredita. Partindo desse princípio, a fé primeira deve ser em si mesmo: confiar naquilo que em você é divino. Realizar a Vontade verdadeira, como ditam as Escrituras: "Tu não tens nenhum direito a não ser fazer a tua Vontade."

Para realizar-se, para ter uma vida de crescimento, uma vida de progresso, de realização, de prazer, de alegria e de felicidade, o requisito básico é acreditar-se capaz, saber que pode, crer-se merecedor e digno, ter fé em si mesmo.

A fé em si mesmo chama-se autoconfiança. A confiança é um sentimento e, como todo sentimento é intuitivo, basta não reprimi-lo para que ele se manifeste. A autoconfiança é uma sensação de que você é capaz, de que pode.

A autoconfiança libera forças latentes que existem dentro de você esperando uma oportunidade para se manifestar.

Quem confia em si mesmo cria uma corrente positiva de pensamentos que levam à ação, e tornam a pessoa apta para grandes empreendimentos. O pré-requisito básico para ser autoconfiante é amar a si mesmo. A definição de amor-próprio é: valor emocional, físico e espiritual que você dá a si mesmo.

Em síntese, o amor-próprio engloba dois componentes:

– **Competência**, que é a capacidade de enfrentar os desafios da vida com soluções criativas e construtivas.

– **Autovalorização genuína**, que é a aceitação plena do direito de reconhecer, de respeitar e de perseguir seus próprios interesses e necessidades.

Infelizmente, nossa sociedade é toda direcionada para minar a autoconfiança e o amor-próprio das pessoas.

À medida que a pessoa vai crescendo, ela vai recebendo mensagens que fazem com que aprenda a temer e a desconfiar de tudo e de todos, até mesmo de si própria.

Então, é sua tarefa despertar e reforçar o seu amor-próprio e, conseqüentemente, sua autoconfiança. Você faz isso desenvolvendo a competência e a autovalorização genuína, por meio dos seguintes passos:

## 1. Aceitação de si mesmo

Aprenda a reconhecer e a aceitar o que você sente, pensa e demonstra.

Reconheça e aceite tanto as suas qualidades positivas quanto as negativas.

Reproduza na sua vida o lema dos "Alcoólicos Anônimos": "Deus, dai-me serenidade para aceitar aquilo que não posso mudar, coragem para mudar aquilo que posso e sabedoria para perceber a diferença entre eles."

## 2. Aceitação do seu valor

Reconheça seu próprio valor. Aceite, acredite que você é uma pessoa importante, deixe de se basear no que os outros sentem ou pensam a seu respeito.

Você é uma pessoa em processo de aperfeiçoamento. Lembre-se do que disse Krishnamurti: "Quem tenta analisar-se com base no que os outros pensam será sempre um ser humano de segunda mão."

## 3. Conhecimento de si mesmo

Esteja sempre buscando revelar a sua verdadeira essência, conhecendo-se cada vez mais. Isso o fará ficar maravilhado com a dinâmica humana.

Cada vez mais você irá descobrindo e tomando posse das suas capacidades ilimitadas.

Reflita sobre o que concluiu Abraham Maslow: "Eu penso no homem que atualiza a si mesmo não como um homem comum a quem alguma coisa foi acrescentada, mas sim como o homem comum de quem nada foi tirado. O homem comum é um ser humano completo, com poderes e capacidades amortecidos e inibidos."

## 4. Reconhecimento dos seus direitos

Dê-se o direito natural de colocar as suas necessidades em primeiro lugar.

Isso significa reconhecer e aceitar como natural a tendência humana de fazer o que melhor lhe convém, defender seus ideais e o que você sente; significa, enfim, não ter medo de ser você mesmo.

Compreenda que, só sendo você mesmo, poderá dar ao outro o melhor de si.

Como disse Fritz Perls: "Eu faço minhas coisas, você faz as suas. Não estou neste mundo para viver de acordo com as suas expectativas, e você não está neste mundo para viver de acordo com as minhas. Você é você, e eu sou eu. E se, por acaso, nos encontrarmos, será lindo. Se não, não há nada a fazer."

## 5. Compromisso com o crescimento

Estar comprometido com o seu crescimento pessoal é estar aberto, preparado para aceitar e provocar mudanças na sua vida.

Significa aceitar correr riscos e, inclusive, começar tudo de novo.

Comprometa-se com o seu crescimento pessoal tomando as seguintes atitudes:

– *Desejando uma mudança*: Reconhecer que sua vida pode ser melhor e propor-se a fazer o que for necessário para alcançar seu ideal.

– *Usando a criatividade*: Manter a mente aberta para explorar e buscar novas idéias e maneiras de fazer as coisas.

– *Comunicando-se*: Ouvir a si mesmo em primeiro lugar. Só quem se comunica bem consigo mesmo pode dizer o que sente e pensa, pode de fato aceitar o que o outro sente e pensa. Uma comunicação realmente efetiva é aquela que modifica, acrescenta, enriquece aqueles que se comunicam.

A comunicação é o verdadeiro encontro e, como diz Roger Walsh: "O encontro de duas personalidades é como o contato entre duas substâncias químicas: se houver alguma reação, ambas são transformadas."

– *Reforçando a autoconfiança*: Use todos os recursos necessários para despertar em você a certeza de que você pode!

Analise o que disse David Schwartz: "Quando assumimos a atitude correta, nossa capacidade alcança o máximo de eficiência e, inevitavelmente, seguem-se os bons resultados."

– *Dedicando-se*: Dedique-se totalmente ao seu propósito. Persista! O sucesso pode estar no próximo degrau. Suba-o!

Compartilhe a sabedoria popular: "A pessoa que se considera capaz de realizar sempre acha como fazê-lo."

## 6. Automotivação

Siga as leis do pensamento positivo, procure sempre ver uma possibilidade de solução, de crescimento, de ampliação em cada circunstância da sua vida.

Alimente os seus sonhos, ria, divirta-se, brinque, tenha prazer com o processo, com os meios, não adie a felicidade.

Marco Aurélio já dizia: "Quando alguma coisa de fora de você o afligir, lembre-se de que essa dor não é provocada por essa coisa em si, mas pela estimativa que você faz dela, e isso temos o poder de revogar a qualquer momento."

## 7. Capacidade de decidir

Crie e desenvolva mecanismos que possam facilitar a tomada de decisão, sempre tendo em mente aquilo que dizia Yogananda:

"A verdadeira liberdade consiste em executar toda ação de acordo com julgamentos corretos e respeitando a própria vontade, não em ser impelido por hábitos."

## 8. Perseverança

Cada passo que você der rumo ao seu objetivo maior é uma ponte que você constrói em sua jornada.

"Quem atinge uma meta constrói uma ponte entre aquilo que é hoje e aquilo que quer ser no futuro."

**Uma meta**, ou um propósito, é mais do que um sonho: **é um sonho atuante**. É a transição do vago "gostaria de fazer" para o **"é isso que eu vou fazer"**.

PARA REFLETIR

O grande pensador Norman Vincent Peale lembra-nos que: "É importantíssimo ter fé na própria fé. Esteja convicto de que, ao pensar construtivamente, em termos de fé, você poderá manobrar com sucesso qualquer situação que tenha de enfrentar."

Ralph Waldo Emerson chamou a atenção para o fato de que nenhuma aptidão, nenhuma ajuda, nenhum treinamento é capaz de compensar a falta de fé.

Ele afirma que: "Cada indivíduo faz a avaliação de si próprio, e essa avaliação básica é tão importante que chega a determinar aquilo em que o indivíduo se tornará.

"Você não poderá fazer mais do que se crê capaz. Você não pode ser mais do que aquilo que pensa que é.

"A confiança é um estímulo para sua força interior. Tenha fé na fé. Não tenha receio de entregar-se à fé."

DESAFIOS

- Abandonar qualquer visão estreita, abrir-se, preparar-se para ver as coisas de um plano mais elevado.
- Prestar atenção e descobrir como você vem criando a sua realidade. Analisar o modo como você tem sido autoconfiante sob a luz do que diz o dr. Robert Anthony:

"Somos autoconfiantes, no verdadeiro sentido do termo, a cada instante da nossa vida.

"Talvez essa seja uma qualidade que você admire em alguém, mas a verdade é que somos todos muito autoconfiantes.

"O problema é saber se depositamos esse tipo de confiança na capacidade de sermos bem-sucedidos ou na capacidade de fracassarmos.

"Seja qual for o rumo que está dando à própria vida, esse é sempre um assunto presente na conversa íntima que você trava consigo mesmo. Essa conversa gera confiança em si mesmo – e determina se ela será positiva ou negativa.

"Quem fala consigo mesmo sobre depressão deve ter absoluta certeza de que se sente deprimido. Se você só conversa consigo mesmo sobre doenças e problemas, está confiante de que viverá sempre doente e com problemas.

"Aquilo em que estivermos confiantes, seja positivo ou negativo, é o que vamos experimentar. Podemos dizer então que a autoconfiança cria resultados."

## O CAMINHO DO VENCEDOR

Eis os cinco passos para ter autoconfiança:

1. Confie em si mesmo, mesmo que as circunstâncias sejam desfavoráveis. O segredo, a chave é agir "como se ..."

Agir como se já tivesse atingido a meta e você já estivesse usufruindo dela.

Pessoas que sabem aonde querem chegar têm o mundo inteiro a apoiá-las.

2. Aceite a idéia de que não há nada de errado em ser diferente dos outros. A verdade é que ninguém é igual a ninguém. E isso é que faz o mundo maravilhoso.

Às vezes, sob o pretexto de "se encontrar", a pessoa tenta imitar outras pessoas. Emerson já dizia: "Imitar é suicidar-se."

Aceite suas particularidades e aprenda a gostar e tirar partido de cada uma delas.

3. Às vezes, um "artifício" pode estimular a autoconfiança. Em *O Advogado do Diabo*, Morris West conta a história de um personagem que passa a encarar o mundo com toda confiança simplesmente porque colocou um cravo na lapela!

Um penteado diferente, roupas novas ou alguns quilos a menos podem transformar alguém que costuma se autodepreciar em alguém que se elogia.

4. Exemplos inspiradores fazem maravilhas no sentido de apoiá-lo na sua autoconfiança.

Procure relacionar-se com pessoas dotadas de auto-estima, em vez de se associar àquelas que não fazem outra coisa além de se menosprezar.

5. Reserve um tempo para si mesmo. A solidão é essencial para o autoconhecimento. Conheça-se!

COMANDOS DE PODER

- Reconheço, com gratidão, que sou uma criação divina.
- Estou confiante de que tenho capacidade para realizar minhas potencialidades.

– Estou apto a conseguir qualquer coisa que eu deseje.
– Aceito, com convicção, meu direito de realizar a minha vontade.
– Aceito, reconhecido, o fato de que eu tenho imenso valor.
– Sou um ser humano completo.
– Eu sei que posso!
– Cultivo, com entusiasmo, sementes de otimismo.
– Vivo com alegria, com entusiasmo e com perseverança a certeza da realização de cada objetivo que tenho.

*Só quem ousou acreditar que dentro de si mesmo havia alguma coisa superior às circunstâncias conseguiu obter algo esplêndido.*

Bruce Barton

# IX

# O alquimista é você

*Como posso ser substancial sem dispor de uma sombra? Eu também preciso ter um lado escuro, se quiser ser inteiro; e tornando-me consciente da minha sombra, lembro-me, novamente, de que sou um ser humano como qualquer outro.*

Jung

Vivemos, ainda, num mundo de dualidades, onde a luz só existe em contraposição à escuridão; o silêncio, ao som; o cheio, ao vazio; e onde nenhuma das dualidades é desnecessária ou prejudicial. Cada uma delas tem uma utilidade e finalidade. Elas compõem o todo, aquilo que chamamos de Universo.

Como se lê nas palavras do *Sandokai*, um dos textos da doutrina zen:

"Luz e sombra
São opostos.
No entanto,
Uma depende da outra,
como o passo da perna direita
depende do passo da perna esquerda."

Ou nas palavras do grande poeta Fernando Pessoa:

"Nunca sei como é que se pode
achar um poente triste.
Só se é por um poente
não ter madrugada.

Mas se ele é um poente,
como é que ele havia de ser uma madrugada?"

Assim, toda e qualquer emoção ou sentimento que existe no mundo – amor, raiva, ciúme, ternura, inveja, compaixão, etc. – existe em cada um dos seres humanos.

Não é algo que algumas pessoas tenham e outras não, ou que algumas tenham mais e outras menos, mas sim uma característica da espécie humana, tal como ter duas pernas e dois braços.

Não existe emoção ou sentimento que seja, em princípio, negativo. A conotação de bom ou mau, belo ou feio, justo ou injusto, ou qualquer outro juízo de valor, depende do uso que lhe é dado.

Toda e qualquer emoção existe, em essência, para uma finalidade positiva e construtiva.

Para que você possa harmonizar-se, integrar-se e aliar-se a essa força, protegendo-se contra o uso inadequado ou a influência prejudicial que as emoções e os sentimentos possam ter, compreenda que é necessário procurar conhecê-los, controlá-los e dirigi-los.

Se você simplesmente nega, reprime ou sufoca esses sentimentos, estará desperdiçando energia nesse processo, a qual poderia ser mais bem empregada. Estará deixando de usar um potencial muito rico em possibilidades construtivas.

É necessário aprender a fazer o melhor uso possível de cada um dos sentimentos e emoções, modificando-os, transmutando-os, dando a cada um deles um caráter positivo e construtivo.

"Um jovem guerreiro samurai colocou-se respeitosamente diante de um mestre zen e disse: 'Mestre, ensina-me algo sobre o céu e o inferno.' O mestre bateu repentinamente na própria testa e respondeu, abrupta e desgostosamente: 'Ensiná-lo a respeito do céu e do inferno? Por quê? Eu duvido que você seja capaz de manter sua espada livre da ferrugem, seu idiota ignorante! Como ousa supor que poderia compreender qualquer coisa que eu venha a dizer?'

"O velho mestre continuou esbravejando, tornando-se cada vez mais ofensivo, enquanto o estado de surpresa do jovem samurai foi passando da confusão para a raiva a cada minuto que passava. Mestre ou não mestre, quem é que pode insultar um samurai e continuar vivo?

"Finalmente, com os dentes cerrados e o sangue fervendo de fúria, o guerreiro desembainhou a espada e já estava preparado para cortar a língua e acabar com a vida do velho homem num instante, quando o mestre, olhando diretamente para os olhos do samurai, disse, suavemente: 'Isso é o inferno!'

"No auge da sua ira, o samurai percebeu que acabara de receber a instrução que havia pedido. O mestre o conduziu a um verdadeiro inferno criado pela raiva e pelo ego descontrolados. O jovem, profundamente tocado pela experiência, voltou a embainhar a espada, num gesto de reconhecimento e humildade diante daquele mestre de espírito. Ao olhar para o rosto idoso e radiante do velho sábio, o jovem samurai sentiu um amor e uma compaixão que jamais havia sentido em toda a sua vida e, nesse instante, o mestre levantou o dedo indicador e disse: 'Isso é o céu.' "

Aprenda a administrar suas emoções e sentimentos, sem tentar reprimi-los, sufocá-los ou negá-los, seja por culpa, vergonha ou temor.

Entenda que eles são naturais e você os tem para usá-los adequadamente.

Esse aprendizado inicia-se com o reconhecimento, com a aceitação de sua existência, e depois com o direcionamento correto, para um fim que lhe convenha.

Você está triste?

– Por que você criou esse sentimento?

– Que necessidade ele preenche?

– Você precisa sentir pena de si mesmo?

– Você acha que ficar triste, infeliz, vai-lhe trazer algum mérito, alguma recompensa futura?

– Você criou expectativas que dependiam de outras pessoas para se realizarem?

– Descubra o que depende de você para que essa situação mude. Se você está triste, comece a dançar, cantar, orar, rir. Mude suas crenças, suas ações, e a reação será outra.

Está com raiva?

– O que desencadeou esse sentimento?

– Você foi ofendido, magoado, desiludiu-se com alguém?

– Por que você dá esse poder a outra pessoa?

– Você decepcionou-se consigo mesmo?

– Foi por não ter correspondido às próprias expectativas? Ou às de outras pessoas?

– O que você pode fazer para que essa situação não se repita no futuro?

Para liberar a raiva, comece a esmurrar almofadas, vá para um local deserto e grite, corra, pule, dance.

Está magoado? Pratique um exercício de perdão, escreva um poesia, desenhe, pinte.

Tudo o que você puder fazer, faça-o! E, pouco a pouco, o metal básico se transformará em um metal superior – o ouro. O negativo se transformará no positivo.

Helen Bass resume isso maravilhosamente: "Há uma parte de toda coisa viva que quer transformar-se nela própria; o girino, na rã; a crisálida, na borboleta; o ser humano dilacerado, no ser humano íntegro."

Depois que você conhece a chave, o segredo da transmutação, sua vida nunca mais voltará a ser a mesma.

Você se transforma num Alquimista. Você tem a chave. Você pode abrir qualquer porta!

A sabedoria popular garante que começar já é meio caminho andado.

Aristóteles garantia que o primeiro passo é o mais importante; que o início é sempre a parte mais difícil e, por menor e mais insignificante que seja, tem a maior influência; uma vez iniciada qualquer tarefa, fica mais fácil acrescentar o resto.

## Como lidar com o medo

O medo, a princípio, é um aliado seu. Ele está a serviço do instinto de sobrevivência; é ele que impede que você faça coisas que o aniquilariam.

O fato de você, assim como qualquer outro ser humano, sentir medo faz com que se precavenha, se proteja e procure criar recursos para conseguir o que quer de forma segura.

Portanto, o medo positivo é aquele que serve de sinal, de alerta, como uma campainha, para avisá-lo de que deve tomar providências, achar uma maneira de contornar, minimizar ou eliminar os riscos, e não para atormentá-lo e paralisá-lo.

O medo só é prejudicial quando não tem sentido prático ou útil, quando, em vez de ajudar, limita e atrapalha a vida.

Esse medo desvirtuado é um padrão de pensamento; é um condicionamento, um modo automatizado de reagir a estímulos semelhantes.

E você sabe que pode mudar seus padrões de pensamento. Você pode controlar a mente. Você tem o poder de fornecer-lhe os impulsos de pensamento que escolher.

Existe uma única maneira de lidar com o medo: entendê-lo e enfrentá-lo.

Como diz Susan Jeffers: "Sentir o medo, mas fazer o que tem de ser feito, de qualquer jeito e apesar desse medo."

O medo deve ser transmutado por comandos contrários. Lembre-se de quando você aprendeu a andar de bicicleta: você sabia que poderia se machucar. Isso fez com que você fosse mais cuidadoso. Mas a alegria de aprender a pedalar era mais forte do que o medo do perigo, e assim você tentou, e tentou, até conseguir.

Sempre que estiver enfrentando algum obstáculo, aja assim, persevere, tendo em mente a alegria que sentirá ao superá-lo.

Eleanor Roosevelt aconselhou o seguinte: "Você adquire força, coragem e confiança nas experiências em que você realmente pára e encara o medo de frente ... Você tem de fazer coisas que não pode fazer."

## PARA REFLETIR

> *A vida exige uma enorme coragem. Os covardes apenas existem, não vivem, porque toda a vida deles é orientada pelo medo, e uma vida orientada pelo medo é pior do que a morte.*
>
> *Eles vivem em um tipo de paranóia, eles têm medo de tudo e não apenas de coisas reais; eles temem coisas irreais também. Eles têm medo do inferno, têm medo de fantasmas, têm medo de Deus.*
>
> *Temem mil e uma coisas que eles próprios, ou outros como eles, imaginaram. O medo é tão grande que se torna impossível viver.*
>
> *Somente os corajosos podem viver. A coragem é o primeiro passo a ser aprendido. Apesar de todos os medos, temos que começar a viver.*
>
> *E por que é preciso coragem para viver?*

*Porque a vida é insegurança. Se você fica preocupado demais com proteção e segurança, você permanecerá confinado a um pequeno cantinho, quase que uma prisão, construída por você mesmo.*

*Você estará seguro, mas não estará vivo.*

*A vida consiste em explorar, em entrar no desconhecido, em alcançar as estrelas!*

Shree Rajneesh

O medo desvirtuado pode ser abordado em cinco aspectos básicos: medo de perder o amor, medo de críticas, da morte, da pobreza e da velhice.

## O medo de perder o amor

Dentre todos, este é o medo que mais mobiliza o ser humano, pois está diretamente associado ao instinto de sobrevivência.

A dependência do ser humano com relação ao amor inicia-se já no útero materno.

Só sobrevive aquele que é, mesmo num nível mínimo, aceito e amado pela mãe.

Essa dependência enraíza-se na total dependência do bebê e continua se fortalecendo na necessidade de ligação existente entre os seres humanos.

Nesse caminho, a pessoa, muitas vezes, passa a tentar fazer e ser aquilo que ela pensa que vai agradar aos outros, deixando de ser ela mesma.

Sua preocupação básica é com a reação das outras pessoas e, nesse círculo vicioso, vive angustiada, tentando adivinhar o que os outros pensam, sentem e esperam dela.

Esta é uma situação muito cruel, pois é impossível agradar a todo mundo e, no afã de agradar, ela deixa de agradar a única pessoa que realmente deveria agradar: ela mesma.

Agradar a si mesmo não é egoísmo. Basta pensar de modo correto: a natureza, a essência humana é perfeita, o ser humano tem em si tudo para ser bom, belo e justo.

Então, se você permite e busca a manifestação do seu verdadeiro Eu, isso, com certeza, além de fazer com que você se ame, o tornará apto a dar amor aos outros e receber amor deles.

Muita gente passa a vida tentando evitar a si mesma, com medo de que uma auto-análise revele uma verdadeira caixa de horrores, e, por isso, vive com um estranho.

E, o que é mais paradoxal, escondendo o que são, essas pessoas esperam que os outros – que também estão amedrontados, escondendo o que são – as amem!

Para livrar-se do medo de perder o amor, você precisa, em primeiro lugar, amar a si mesmo. Reconheça que você é digno de amor, não porque corresponda às expectativas dos outros, não porque seja um modelo, mas exatamente por ser quem é: uma pessoa rara, única e insubstituível.

Como diz Emerson: "Crê em ti mesmo; todo coração vibra com essa corda de aço.

"Aceita o lugar que a divina providência te destinou, a companhia dos teus contemporâneos, o encadeamento dos eventos.

"Os grandes homens sempre procederam assim e, a exemplo das crianças, confiaram-se ao gênio da sua idade, demonstrando a percepção de que o eterno palpitava em seus corações, agia por meio de suas mãos, predominava em todo o seu ser.

"E nós, que somos homens agora, devemos aceitar com mente superior o mesmo transcendente destino, e não nos esconder num canto, nem fugir como covardes à resolução, mas atuar como redentores e benfeitores, como piedosos aspirantes a ser argila plástica sob o esforço do Todo-Poderoso, avançando contra o caos e a treva."

Ter auto-estima é fundamental; é um pré-requisito para o amor e para o bem-estar. Só quando você acredita que é digno de amor você tem a chance de encontrá-lo.

O que você julga de si mesmo se reflete em todas as suas decisões e em todos os seus atos. Se você não se valoriza, não será valorizado por ninguém.

Cultive o respeito por si mesmo, pois ele é o companheiro do amor-próprio e da auto-estima.

Você pode ter sido treinado para ver o mundo povoado de pessoas mais sábias, mais bonitas, mais inteligentes, mais atraentes do que você. Já é tempo de descobrir que você vale tanto quanto elas, e que é apenas diferente.

Deixando de se comparar com os outros constantemente, você pode direcionar suas forças singulares e usar suas energias para revelar habilidades e talentos latentes. Tudo o que você faz deve ser uma expressão do seu Eu, deve levar a sua assinatura.

Você consegue maravilhas quando aceita quem é e valoriza suas forças, e não suas fraquezas. Quando você se aceita – corpo, mente e espírito – deixa de se subestimar e se concentra no processo de tornar-se perfeito para si mesmo.

Nesse ponto, você descobre o que significa "ser digno de amor".

PARA REFLETIR

*Para chegar ao âmago de Deus, e no seu sentido mais amplo, a pessoa deve, primeiro, chegar ao âmago de si mesma no seu sentido mais restrito, pois ninguém pode conhecer a Deus sem que tenha, primeiro, conhecido a si mesmo.*

Meister Eckhart

## O medo das críticas

Este tipo de medo pode, primeiramente, estar ligado ao medo de perder o amor dos outros, mas, essencialmente, remete-se a um perigo mais básico: perder o amor por si mesmo.

Infelizmente, muitas pessoas têm a tendência de acreditar mais no que os outros dizem do que em si mesmas. Então, a opinião dos outros é o que realmente importa.

E o que é mais cruel na nossa "civilização" nos é revelado por pesquisas que demonstram que, antes de atingir a idade adulta, uma pessoa ouve, em média, quinze mil vezes palavras negativas como: "burro", "estúpido", "idiota", "desastrado", "inútil" e outras, endereçadas a ela.

Não é de surpreender que muitas dessas pessoas passem a vida debatendo-se com sentimentos de menos valia e de inferioridade.

Você precisa dar-se conta de que as palavras não o tornam inferior, e de que as pessoas que proferiram essas palavras eram, elas próprias, vítimas desse mesmo complô da civilização que nega a todos o direito à dignidade e ao amor-próprio.

Acredite: você já tem em si mesmo tudo que é necessário para ter a vida que realmente quer. Você pode, se quiser, ter acesso a todo o conhecimento, sabedoria e abundância do Universo.

Aceite a sua singularidade – o fato de ser diferente de outra pessoa não o faz menos ou mais, melhor ou pior.

Mesmo se ninguém reconhecer o ser extraordinário que você é, você deve sempre contar consigo mesmo.

Você pode ser, para si mesmo, uma fonte inesgotável de apoio e estímulo positivo. Você precisa ser fã de si mesmo.

Liberte-se da necessidade de impingir aos outros responsabilidades, de culpá-los das suas frustrações, problemas e sofrimentos.

Avalie se você não está, há muito tempo, abrindo mão do controle de si mesmo, deixando que os outros digam quem você é, o que sente, o que pensa, o que faz, renunciando a ser, tornando-se um não-ser, um nada.

Recupere, aproprie-se do seu senso de dignidade. Sem auto-respeito, sem o seu direito nato de valorizar a si próprio, você reduz sua capacidade de dar e de receber qualquer coisa.

Deixe-se impregnar com a consciência de que você foi feito à imagem e semelhança do Criador.

## PARA REFLETIR

*Toda a nossa educação gera uma divisão na nossa mente. Temos de mostrar uma face para a sociedade, para a multidão, para o mundo – não será necessariamente a sua face real; na verdade, não pode ser a sua face verdadeira.*

*Você tem de mostrar a face que as pessoas gostam, que as pessoas apreciam, que será aceita por elas – por suas ideologias, suas tradições – e você tem de reter, para si mesmo, sua face original.*

*E a sociedade cria o medo em todo mundo – o medo da rejeição, o medo de que alguém possa rir de você, o medo de perder a sua respeitabilidade, o medo do que as pessoas irão dizer.*

*Você tem de se ajustar a todo tipo de pessoas cegas e inconscientes, você não pode ser você mesmo. Essa é a nossa tradição básica, até agora, no mundo inteiro: ninguém tem permissão para ser ele mesmo.*

*No momento em que o outro está presente, você está menos preocupado consigo mesmo; você está mais preocupado com a opinião do outro a seu respeito.*

*Quando você está só, no seu banheiro, você se torna uma criança – às vezes, você chega a fazer caretas diante do espelho. Mas se, de repente, você se dá conta de que alguém, até mesmo uma criança pequena, está olhando pelo buraco da fechadura, você imediatamente muda; você volta para a sua velha personalidade de sempre – você fica sério, sóbrio, como as pessoas esperam que você seja.*

*E a coisa mais impressionante é que você tem medo das pessoas, e elas têm medo de você: todos temem a todos.*

*Ninguém está permitindo que seus sentimentos, sua realidade, sua autenticidade se expressem – e todos desejam isso, pois é um ato suicida continuar reprimindo sua face original.*

*Sua preocupação exclusiva deveria ser: cuidar e proteger aquelas qualidades que você pode levar consigo quando a morte destruir seu corpo, a sua mente – porque essas qualidades serão suas únicas companheiras.*

*Todas as opiniões alheias ficarão para trás; somente os seus sentimentos, as suas experiências autênticas acompanharão você.*

*Elas são os únicos valores verdadeiros, e as pessoas que as alcançam, somente estas vivem; as outras apenas fingem viver!*

Shree Rajneesh

## O medo da pobreza

Este tipo de medo, em vez de ser um fator de cerceamento e limitação, existe para ser usado como alavanca, como motivação para alcançar todas as riquezas possíveis.

Não há nenhum mérito ou virtude na pobreza, seja ela material, mental ou espiritual. Não existem méritos na insatisfação ou no sofrimento.

Essas condições existem em decorrência da ignorância, do desconhecimento das leis que regem o Universo.

Sua tarefa, sua missão é encontrar o seu verdadeiro lugar na vida e revelar todos os seus talentos.

Você existe para progredir e para se desenvolver de acordo com o potencial que tem, e para produzir riquezas materiais, mentais e espirituais que beneficiem toda a humanidade.

Para eliminar o fantasma da pobreza da sua vida, concentre-se nas possibilidades. Procure se afastar da negatividade; mesmo sem negar a existência do lado pobre da vida, evite gravitar ao seu redor.

A preocupação com o que está errado no mundo impede-o de ver o que está certo. Todas as soluções tornam-se mais visíveis à luz das possibilidades.

Quando você amplia o seu horizonte para abranger todas as possibilidades e escolhe fortalecer as possibilidades positivas, você, quanticamente, aumenta as chances de que aquilo que você deseja aconteça.

A riqueza, a beleza e a bondade são forças superiores contra a pobreza, a feiúra e o mal.

A aceitação do merecimento e a fé na consecução vão levá-lo, com certeza, na direção da aquisição de um maior conhecimento e, como conseqüência natural, vão auxiliá-lo a cavar um nicho para si no mundo material, onde a riqueza poderá, então, ser facilmente conseguida.

No entanto, a riqueza só significa uma vitória sobre o medo da pobreza quando nos libertamos do apego às posses materiais.

A avareza, o medo de perder os bens materiais cria uma existência isolada e triste, na qual a riqueza oferece pouco prazer, pois o cuidado com as posses passa a tomar conta da vida, trazendo a preocupação com roubos ou perdas iminentes.

Perceba como certas palavras têm o dom de mostrar claramente seu significado e definem exatamente o conceito que representam. Por exemplo, a palavra "preocupação" significa: ocupar-se com algo que ainda não aconteceu. Ou seja, criar na mente, no universo quântico, condições para sua materialização. Elimine essa palavra do seu vocabulário.

Quem busca a confirmação do negativo sempre a encontra. Da mesma forma, quem busca a confirmação do positivo também a encontra. Ambas as possibilidades existem. A diferença é uma questão de escolha, requer uma decisão tão simples quanto abrir os olhos.

O desapego também é necessário quando se trata da aquisição de conhecimento, pois de nada serve acumular conhecimento quando não o tornamos acessível a outros que o buscam.

O conhecimento, por si só, é apenas um ornamento, e só ganha sentido quando empregado para o bem, para a elevação do espírito e para o aprimoramento da condição humana.

Declare para si mesmo que você compartilha, tem o direito e merece todas as riquezas do Universo.

Elimine da sua vida toda e qualquer idéia de fracasso, pois toda tentativa gera um resultado que, no mínimo, nos traz experiência, e a experiência é uma forma de aprendizagem que nos enriquece enormemente.

Diga para si mesmo: "Estou pronto para aceitar e compartilhar todo tipo de riqueza."

PARA REFLETIR

*Pobres os que andam carregados e não sabem de que; pobres os que se apressam em chegar, sem saber aonde vão.*

*Ricos, os ricos de paz, os sóbrios e os justos, os que gozam a alegria do seu bom coração e não precisam roubar a alheia.*

*Ricos, os que podem mostrar-se como são e não precisam negar nem desfigurar os demais.*

*Ricos, os que buscam a verdade sobre si mesmos e, assim, podem dar aos outros de seu bem e da sua paz, da sua alegria e da sua riqueza.*

Constâncio Vigil

## O medo da velhice

O medo da velhice se liga a todos os outros medos básicos.

- Origina-se no medo de perder o amor porque, culturalmente, vemos beleza apenas na juventude.
- Liga-se ao medo das críticas pela tendência consumista de valorizar o novo em detrimento do antigo.
- Liga-se ao medo da pobreza pela crença de que a velhice é cheia de limitações.
- Revela-se no medo da morte, porque a velhice é tida como o declínio, o caminho para o fim.

Você precisa compreender que as pessoas não envelhecem por viverem um certo número de anos. O envelhecimento é uma postura mental, cultural; uma atitude, um comportamento.

A velhice chega quando a pessoa renuncia ao senso de humor, às alegrias, quando renuncia aos ideais, à dignidade, à esperança e aos sonhos.

Envelhecer é deixar de se divertir, de se estimular com o jogo da vida; é deixar de se excitar com o novo, com o diferente, com o inesperado, com o que ainda não foi tentado, é deixar de ser desafiado pelas metas, pelos sonhos.

Enquanto você puder alegrar-se, maravilhar-se com a diversidade e com a riqueza do mundo, enquanto você puder continuar a acreditar em si mesmo, a idade será sempre um detalhe.

Aceite todos os momentos da sua vida com a mente aberta e com curiosidade para aprender, para conhecer coisas novas, para empreender novas batalhas e vencê-las.

Procure conscientizar-se de que cada fase, cada momento da vida tem uma beleza própria e especial. Viva intensamente cada momento da sua vida.

Desapegue-se do passado, descubra o quanto o presente é interessante e envolvente.

Responda: Quem veria a beleza da borboleta caso ela teimasse em manter-se como lagarta?

Entenda que a vida não deve ser simplesmente um envelhecer. A vida deve ser um incessante processo de aprender, de crescer e de mudar. É esse processo cíclico e eterno que traz o novo.

O passar das experiências e, com elas, do tempo não deve significar envelhecimento, mas, sim, aprendizado, crescimento e mudança. Compreenda as coisas dessa forma e seja eternamente novo!

Crescer significa penetrar, a cada momento, mais profundamente nos princípios da vida; significa ir se afastando da morte, do modo como a entendemos.

Quanto mais fundo você for na vida, na busca do aprendizado, mais crescerá e mais disposto estará a aceitar as mudanças. A aceitação desse processo cíclico leva à compreensão de que a impermanência traz em seu seio a imortalidade.

PARA REFLETIR

*A maneira de pensar determina a maneira de sentir. Assim, em vez de viver pensando em problemas, em limitações, em doenças, em fraqueza e em enfermidades, procure pensar em vitalidade, em energia e em bem-estar.*

*Isso requer um esforço, é claro, porém muita gente tem demonstrado que essa maneira construtiva de pensar tende a tonificar todo o sistema orgânico e a aumentar grandemente o bem-estar.*

Norman Vincent Peale

## O medo da morte

A vida é energia e, portanto, não pode ser destruída.

A energia vital pode passar por vários processos de transformação ou de transição. A morte é apenas um desses processos. É uma transição, um renascimento para uma outra realidade.

Reflita e conclua: O que sentiria um bebê dentro do útero materno, se ele pudesse saber que ao completar aquele ciclo de desenvolvimento "morreria" para aquela realidade, ou seja, teria de renunciar à única "vida" que conhecia?

Provavelmente, tentaria apegar-se, de todas as formas possíveis, àquela vida.

Ele se recusaria a nascer – do seu ponto de vista, morrer – e, assim, não teria oportunidade de conhecer aquilo que chamamos vida.

A barata-d'água é um pequeno inseto que vive alguns dias na água dos rios; depois de um certo tempo que compõe esse ciclo ela sai da água e se fixa numa superfície, onde seca e "morre". Em pouco tempo, sua casca racha e vai caindo, abrindo caminho para que, de dentro dela, saia uma linda borboleta. Existe motivo para a barata-d'água ter medo da morte?

Você já se deu conta de que, a cada dia, milhares de células do seu corpo "morrem"? Você sabia que esse processo de morte e renascimento das células faz com que, a cada nove anos, você tenha um corpo completamente novo?

Você já parou para se perguntar o que acontece com a energia contida nas células que "morrem" dentro de você?

A ciência nos diz que a parte física dessas células é eliminada através dos poros, das fezes, da urina, retornando ao mundo da matéria.

Quanto à energia, a segunda lei da Termodinâmica nos assegura que ela não se dissipa, mas é reaproveitada em outros processos metabólicos, ou mesmo em novas células que estão sendo criadas a cada momento.

Você já havia se apercebido desse processo cíclico de morte e renascimento que acontece, incessantemente, no pequeno universo que é o seu corpo?

Você, como co-criador e mantenedor da vida em seu micromundo, está determinando, a cada momento, o destino que vai dar à energia contida no seu corpo.

Não dissipe essa energia com preocupações e com temores. Conscientize-se de que esse é o pior destino que você pode dar a essa Centelha Vital que lhe foi confiada.

Será que, temendo a morte, você não está negando a possibilidade de uma nova vida?

Anule o medo da morte vivendo plenamente o dia presente. Use a sua energia para viver. Explore e esgote esta vida em todas as suas possibilidades.

Assim como o dia de hoje é a semente do amanhã, esta vida é uma preparação para a próxima etapa.

Nunca se excite com o evento chamado morte. Não o apresse nem o retarde.

Esse tempo chamado vida é uma gota no oceano da existência. Tenha a certeza de que a vida é apenas mais um passo na caminhada rumo ao infinito.

Com certeza, os desígnios do Poder Superior são maiores do que a nossa atual capacidade de compreensão. Por isso, aceite o conhecimento intuitivo que nos faz confiar na continuidade eterna da vida.

Aceite que a Mente Universal, em sua Suprema Sabedoria, dispôs a vida em etapas – comprometa-se a aproveitar cada uma delas a seu tempo.

Perceba que há tanto para aprender, tanto para conhecer e tanto para compreender, que muitas serão as oportunidades dadas pela Suprema Sabedoria.

O ser humano nasceu para se realizar; está nas suas mãos a decisão de fazer isso ou não, tudo depende de você.

Viver é mais do que um lento caminhar para a sepultura. Viver é crescer.

Qualquer animal é capaz de envelhecer, mas crescer espiritualmente é um privilégio dos seres humanos.

Para crescer, espelhe-se na árvore: à medida que uma árvore cresce, suas raízes se aprofundam. Existe um equilíbrio: quanto mais alta a árvore, mais se aprofundam suas raízes e novos "anéis da idade" se agregam ao seu tronco.

Na vida do ser humano, crescer significa aprofundar-se dentro de si mesmo.

É aqui e agora, no corpo físico, que devemos começar nossa jornada espiritual. O corpo deve ser tratado como o templo vivo da alma. Trate-o bem, purifique-o. Quanto mais exaltarmos o processo da vida em nossos corpos, menos dificuldades surgirão no processo de transição e de integração com o Todo Energético Universal. Quanto mais profundamente nossas raízes penetrarem na terra, mais alto nossa alma poderá ascender.

Aproveite cada dia que lhe for dado para crescer, aceitando a mudança que é trazida a cada manhã. Novos níveis de conhecimento estarão sendo continuamente atingidos. Descubra-os, aceite-os, integre-os e expresse-os ao mundo até o último dos seus dias.

Para mim, a morte é a maior ilusão que existe. Nenhuma morte é morte, porque toda morte abre uma nova porta – ela é um novo começo.

Não existe fim para a vida; existe sempre um novo começo, uma ressurreição.

É comum dizermos que, quando morremos, nossa alma vai para o céu. Cabe então perguntar: você está treinando suas asas?

## PARA REFLETIR

> *Quando morreu a esposa de Chuang-Tsu, Hui-Tsu foi apresentar-lhe condolências. Ele encontrou o viúvo sentado no chão, cantando, com as pernas esparramadas em ângulo reto e marcando compasso com um tigela. "Viver com a esposa", exclamou Hui-Tsu, "e ver o filho mais velho tornar-se adulto, e depois não verter uma lágrima sobre o cadáver dela – isso seria muito ruim. Mas tamborilar numa tigela e cantar, certamente isso é o cúmulo!"*

*"De maneira alguma", respondeu Chuang-Tsu. "Quando ela morreu, não pude deixar de ser afetado pela sua morte. Logo, porém, lembrei que ela já tinha existido num estado anterior, antes do nascimento, sem forma ou mesmo substância; que, embora naquela condição incondicionada, foi acrescentada uma substância ao espírito; que essa substância então assumiu forma; e que o próximo estágio foi o nascimento; e agora, em virtude de mais uma mudança, ela está morta, passando de uma fase para outra, como a seqüência primavera, verão, outono e inverno. E, enquanto ela está assim deitada, adormecida na Eternidade, ficar por aí chorando e lamentando seria para mim proclamar-me ignorante dessas leis naturais. Portanto, me abstenho."* *

## Como lidar com o sentimento de culpa

A sociedade, da forma como é constituída, semeia continuamente sentimentos de culpa, criando expectativas sem levar em conta as particularidades, gerando padrões e modelos idealizados, cobrando comportamentos e resultados de forma aleatória.

A pessoa, vítima dessas projeções, acredita piamente que deveria corresponder ao que se espera dela e, muitas vezes, não sendo capaz disso, sente-se culpada.

Sente-se incapaz, por ter sido treinada e condicionada para realizar as ordens dos outros, de rebelar-se, de exercer o seu direito de auto-expressão.

Muitas vezes, infelizmente, nem mesmo o sentimento de culpa é consciente. A pessoa nem ao menos se dá conta de estar alimentando esse tipo de sentimento.

Essa pessoa passa a sentir e a acreditar que não merece nada de bom, que não é boa o suficiente, que é má e sem valor.

Como a sociedade é regida por um código baseado na culpa e no castigo, a pessoa fica sempre esperando pela oportunidade de se redimir, está sempre à espera do castigo, sentindo-se sempre angustiada, ameaçada, encurralada, "temendo um perigo a cada esquina".

---

* Do livro de Sukie Colegrave: *Unindo o céu e a terra*, Editora Cultrix, São Paulo, 1987.

É como se tivesse medo de ser descoberta em seu "verdadeiro eu", que ela acredita ser malvado, errado e desprezível.

Por vezes, as pessoas podem encontrar falsos motivos para justificar esse sentimento, mas o mais comum é que elas nem mesmo saibam do que poderiam ser culpadas, ou nem se dêem conta de que aquilo que sentem pode estar relacionado com a culpa.

Elas simplesmente têm uma crença subconsciente, um sentimento difuso de que não merecem satisfação, realização ou felicidade.

A culpa precisa ser transmutada em responsabilidade. Você precisa perceber que é um ser em formação, em desenvolvimento, aprendendo e, por isso mesmo, com todo o direito de falhar e de cometer erros, aceitando-os como oportunidades para crescer.

Você não tem obrigação nenhuma de preencher expectativas, objetivos ou sonhos de alguém que não seja você mesmo. O objetivo da sua vida é realizar, manifestar concretamente suas potencialidades individuais. O fato de que isso, com certeza, virá a engrandecer a humanidade é uma conseqüência.

Existe um sábio ditado popular que diz que a única coisa que podemos verdadeiramente mudar é a nós mesmos. Somos livres para mudar a nossa visão de mundo, a forma como reagimos às situações e a maneira como reagimos às pessoas; para mudar o que pensamos, o que sentimos, o que acreditamos e o que fazemos.

É quando deixamos que outras pessoas nos mudem, ou decidimos mudar outras pessoas, que encontramos frustração e desapontamento.

Para livrar-se definitivamente do sentimento de culpa, conscientize-se de que tudo o que existe em você foi concebido por uma Inteligência Superior; portanto, tudo em você pode ser usado para o justo, o belo e o útil.

PARA REFLETIR

> *Todo mundo está desejando, em seu coração, viver a vida plenamente, mas a sociedade não o permite, a cultura o impede, a religião o controla, a família corta suas asas.*
>
> *Em toda a sua volta, existem pessoas cujo interesse é que você não viva plenamente. É surpreendente perceber por que elas estão tão interessadas em cuidar para que as pessoas não vivam plenamente: porque toda a exploração da humanidade depende disso.*

*A vida é muito simples, é uma dança alegre. E toda a Terra pode ficar cheia de alegria, cheia de dança, mas existem pessoas que estão seriamente concentradas nos seus interesses, segundo os quais ninguém deve gozar a vida, ninguém deve sorrir, ninguém deve rir; segundo os quais a vida é um pecado, a vida é uma punição.*

*Como você pode ser feliz nesse clima, quando tem sido dito continuamente que a vida é uma punição, que você está sofrendo porque fez coisas erradas, que a vida é um tipo de prisão na qual você foi jogado para sofrer?*

*Eu lhes digo que a vida não é uma prisão, não é um castigo. A vida é uma recompensa, e é dada apenas àqueles que a merecem, àqueles que são dignos. Agora é seu direito gozá-la; será um pecado se você não a gozar.*

*Será contra a existência se você não a embelezar, se você a deixar exatamente como a encontrou.*

*Não! Deixe-a um pouco mais feliz, um pouco mais bela, um pouco mais perfumada.*

Lee Sannella

## Como lidar com a raiva e com o ódio

O sentimento de raiva ou de ódio surge quando a pessoa se julga prejudicada, desrespeitada ou vítima de uma injustiça.

O contraponto desse sentimento é o senso de justiça. A humanidade estará em harmonia quando encontrar o justo ponto de equilíbrio.

Entretanto, não podemos esquecer que estamos em processo de aperfeiçoamento e, por isso, as injustiças são tão constantes.

Nem sempre somos justos, ou os outros o são conosco, e, então, muitas vezes, o senso de justiça se desvirtua em raiva ou em ódio, gerando comportamentos baseados no princípio: pagar o mal com o mal, a violência com a violência. Isso dá início a um círculo vicioso para o qual não há fim. Nada de bom floresce do mal.

Se você sente raiva ou ódio de alguém, avalie, analise se a pessoa em questão o prejudicou de propósito. Por que o fez? Ela tinha raiva, inveja, ciúmes, competia com você? O que você pode ter feito, mesmo sem querer, para desencadear esses sentimentos?

As respostas às perguntas acima, por si só, podem ajudá-lo a redimensionar os seus sentimentos. Em todo caso, admita que a pessoa em questão foi bem-sucedida. Independentemente de ter ou não conseguido prejudicá-lo concretamente, conseguiu prejudicá-lo mental e energeticamente. Sua mente, estando cheia de raiva ou de ódio, foi contaminada, poluída com energias negativas, que atraem energias afins. Essas energias tendem a materializar-se em tudo o que você expressa e consegue na vida.

Responda: Essa pessoa que você odeia ou de quem sente raiva fez com que você revelasse a si mesmo, e aos outros, falhas, fraquezas, deficiências que pretendia manter escondidas?

Perceba então que magnífico serviço ela lhe prestou, a maravilhosa oportunidade que lhe deu para que você possa se conhecer melhor, se aperfeiçoar e se desenvolver.

Pense na oportunidade especial que ela lhe propiciou para questionar, para avaliar e para reformular as suas escolhas, a sua vida.

Se o que lhe provoca raiva é uma determinada "realidade" – uma situação ou conjuntura –, manter esse sentimento não mudará nada; ao contrário, tornará essa situação pior.

Analise, procure descobrir o que você pode fazer para modificá-la. Decida-se a modificá-la, planeje, visualize-a como você a deseja e aja no sentido de concretizar essa mudança.

Há muitos séculos, Publilius Syrus já dizia: " O homem sábio será o senhor da sua mente. O tolo será o seu escravo."

Seja sábio! Inverta a situação! Antagonizar-se com qualquer situação significa dar a ela poder sobre você. Se deixar de resistir, ela se desmontará sozinha.

Não é verdade que, para haver uma briga, são necessárias, no mínimo, duas pessoas?

Não é verdade que, quando você algema alguém a você, sempre são dois os algemados? Não importa quem algemou e quem foi algemado, ou quem está com a razão ou do lado da justiça, pois estarão fortemente ligados um ao outro.

Geralmente, em qualquer situação de conflito de antagonismo, ambos os lados acham que estão cobertos de razão.

Em qualquer situação, cada um dos oponentes carrega consigo a chave da própria algema, e nessa chave está escrita a palavra "perdão".

Use a sua chave! Liberte-se! E você terá muito mais energia para lapidar-se e para revelar ao mundo um verdadeiro vencedor!

Conscientize-se de que um fato isolado, seja qual for, não tem poder para determinar toda a sua vida.

Aceite sua capacidade inata para ver sempre o bom, o belo, o justo e o correto em todas as pessoas, ocasiões e circunstâncias.

PARA REFLETIR

Luis Lamarque diz o seguinte:

> *Não me fales mal de ninguém. Se o teu coração e o teu cérebro são tão frios que não podes, através deles, ver nem conhecer a parte angélica que mora em cada um, e só tens capacidade para ver o lado obscuro e triste das pessoas e das coisas, é melhor que tua boca permaneça em silêncio, teu cérebro anestesiado e teu coração inerte.*
>
> *Cada um dos teus pensamentos deve ser como uma prece benéfica, porque teu cérebro é algo divino; é uma coisa sagrada, e as coisas sagradas não devem ser profanadas, deixando-se passar por elas o raio negro de um pensamento vil.*
>
> *Cada vez que a tua palavra expressa ódio ou rancor, teu pensamento cria uma atmosfera de rancor e de ódio que envolve aquele em que pensas e, em vez de destruíres o mal de que te queixas, tu o amplias e o robusteces, contribuindo, assim, para perpetuá-lo.*
>
> *Não me fales mal de ninguém, porque quem assim faz, se quer ser justo, deve começar por falar mal de si mesmo, e isso seria uma indignidade.*

## Como lidar com o ressentimento e com a mágoa

Há algum tempo, atendi uma cliente que exemplifica o que o ressentimento e a mágoa podem fazer com a vida de uma pessoa.

Era uma mulher que se queixava de solidão. Disse-me que, depois de muitos anos de casamento, no qual só se sacrificara sem nunca ter sido reconhecida, fora abandonada pelo marido.

Os filhos a evitavam. Segundo ela, nenhum deles "era grande coisa".

Desfiou um rosário de queixas: estava ficando velha, sua saúde não era boa – descreveu com detalhes várias mazelas –, todos os amigos a traíam, o mundo era cruel e injusto, etc. Para tudo o que relatava tinha uma justificativa que a isentava de responsabilidades. Justificava a mágoa e o ressentimento em todos os casos, sem perceber o papel que sua negatividade desempenhara.

Apesar de estar na meia-idade, uma de suas maiores mágoas era o fato de que sua mãe nunca havia feito uma festa para comemorar seu aniversário, além de não permitir que ela convidasse amigos para ir à sua casa.

Ela ficou imensamente surpresa quando perguntei por que agora, adulta, não fazia uma festa de aniversário para si mesma, e por que não convidava os amigos para a sua casa.

Foi preciso algum tempo para que ela assumisse que a sua negatividade, que o fato de alimentar, dia após dia, seus ressentimentos e mágoas era o que perpetuava aquele estado de coisas.

Ela hoje tem uma vida totalmente nova, e sabe que estava errada quando acreditava que todas as outras pessoas deveriam pensar, sentir, ter os mesmos valores e agir como ela. Quando conseguiu compreender isso, deixou de agir como "uma criança que faz manha por não ter ganhado o pirulito que tanto queria".

A mágoa sempre é decorrente de uma desilusão, de uma frustração pelo fato de a realidade não corresponder aos nossos sonhos, às nossas aspirações e àquilo que esperamos das outras pessoas.

O lado positivo do ressentimento e da mágoa é a oportunidade que a pessoa tem, ao compreender esses sentimentos, de conhecer suas crenças, seus ideais, suas expectativas com relação aos fatos da vida.

Toda vez que você se sente magoado ou ressentido, tem uma oportunidade para fazer uma reavaliação e para alcançar uma nova compreensão de si próprio.

Para que você possa superar esse sentimento, para que possa utilizá-lo de forma construtiva, precisa entender que as pessoas são diferentes, e aceitar que cada um tem sua própria opinião sobre o que é melhor para si, que ninguém tem a obrigação de agradá-lo.

Precisa compreender que está no cerne do indivíduo fazer o melhor para si mesmo em primeiro lugar, e que isso não é errado, não é ruim, é apenas natural.

Precisa compreender que ninguém pode dar a você o que lhe falta; cada um só pode dar o que tem em disponibilidade, o que sobra. A verdadeira sabedoria está em aliar o seu bem ao do próximo.

Para que você realmente possa superar esses sentimentos prejudiciais, conscientize-se de que criticar, julgar e apontar erros sem propor soluções, sem assumir a sua parcela de responsabilidade e sem se dispor a fazer algo para modificar aquilo que está criticando é uma atitude inútil.

Procure ampliar sua percepção das coisas. Exercite a sua capacidade de analisar a mesma situação de diversos ângulos.

Descubra e aceite a diversidade. Aceite a si mesmo e aos outros como seres em processo de aperfeiçoamento.

Aceite o fato de que cada pessoa pensa, sente e se comporta de acordo com a sua capacidade de compreensão naquele dado momento.

Avalie os seus ressentimentos, as suas mágoas. O que eles lhe dizem sobre você mesmo? Quais são as suas crenças, os seus padrões? Dentre essas crenças, padrões e ideais, quais você ainda considera válidos? Quais você pode mudar?

Livre-se de todos os motivos de ressentimento e de mágoa, aceitando o fato de que tudo o que acontece com você é o melhor dentro das possibilidades de determinada pessoa, ocasião ou momento da vida.

Jung disse: "O inconsciente de uma pessoa é projetado sobre outra, de modo que a primeira acusa a segunda do que não vê em si própria. Esse princípio tem uma validade tão alarmantemente abrangente, que todo mundo faria melhor se, antes de denunciar os outros, se sentasse e ponderasse cuidadosamente se a pedra não deveria ser atirada em sua própria cabeça."

## PARA REFLETIR

*A confiança baseia-se na fé. Quando confiamos o nosso coração a alguém, presumimos que essa pessoa jamais tentará deliberadamente nos magoar ou abusar de nós.*

*Gostaríamos de confiar nas pessoas de quem gostamos, como pessoas honestas, confiáveis e justas.*

*Gostaríamos de achar que são responsáveis, mas, lamentavelmente, isso nem sempre é verdade.*

*Como somos todos imperfeitos e vulneráveis, podemos sentir-nos enganados ou ser enganados. É nessa ocasião que precisamos recorrer à nossa capacidade de perdoar, a partir do que as feridas cicatrizam e a fé se restaura.*

*Confiar significa esquecer o passado e ir em frente, ou então tentar novamente, tendo sempre em mente que o esforço, por mais imperfeito que seja, vale a pena.*

*Nossa meta, afinal, é o humanitarismo, não a santidade.*

Norman Vincent Peale

Resumindo, você tem, em potencial, a capacidade de vivenciar toda e qualquer emoção ou sentimento que existe no mundo. Você tem o poder de escolher a forma como vai usá-los. Opte por usá-los de maneira construtiva!

O ser humano é um ser emocional. Você se emociona, mesmo perante as mais insignificantes experiências.

As emoções têm o poder de ditar as suas atitudes. Elas agem como estímulo e guia para as suas reações.

Até um certo grau, você tem controle sobre o que sente – ou o que expressa, reprime ou transmuta. O modo como você faz isso determina a sua vida.

Toda e qualquer emoção existe, em essência, para finalidades positivas, construtivas, para ajudá-lo na sua tarefa de desenvolver-se.

Aprenda a aliar os seus sentimentos à razão, e será, realmente, senhor do seu destino.

PARA REFLETIR

*Saberás que não te amo e que te amo*
*posto que de dois modos é a vida.*
*A palavra é uma asa do silêncio,*
*o fogo tem uma metade de frio.*

Pablo Neruda

COMANDOS DE PODER

- Enfrento, com confiança, todos os obstáculos porque sei que sou amparado por uma força maior do que tudo.
- Reconheço e respeito alegremente a singularidade de todas as pessoas.
- Acredito plenamente na idéia de que tudo que acontece comigo é uma oportunidade para eu progredir mais e mais.
- O amor transborda de mim, envolvendo todas as pessoas e voltando para mim multiplicado.
- Agora eu compreendo que posso ser amado. Aceito o amor do Universo.
- Sou uma peça insubstituível do mecanismo cósmico.
- Agora eu sei que compartilho, tenho o direito e mereço todas as riquezas do Universo.
- A felicidade e o contentamento me invadem, porque sei que posso esperar sempre pelo melhor.
- Alegremente percebo como é fácil encontrar o lado positivo de todas as circunstâncias.

*Uma pessoa sábia está aberta a tudo o que vem ao seu encontro: tanto faz se parece bom ou mau, ela o enfrenta. Quando você se torna o senhor da sua mente, nada, em si, é bom ou mau. Tudo o que acontece faz parte do seu destino.*

Gurumayi Chidvilasananda

# X

# Perdoar é humano

***Se pudéssemos ler a história secreta dos nossos inimigos, descobriríamos na vida de cada homem mágoa e sofrimento suficientes para desarmar qualquer tipo de hostilidade.***

Henry Wadsworth Longfellow

Sim, perdoar é humano, porque ser verdadeiramente é transcender limitações.

Perdoar, muitas vezes, é difícil porque o estado de não-perdão dá origem a algumas ilusões que, à primeira vista, parecem confortáveis.

Avalie se você vem se apegando a justificativas tais como:

– "Se não houvesse ocorrido aquele problema, a vida seria perfeita."

– "Se eu não tivesse sido magoado naquela ocasião e por aquela pessoa, eu estaria bem."

Perceba quanto poder você vem delegando a um fato ou a uma pessoa. Provavelmente, você encontrou a explicação ideal, a desculpa ideal para justificar o estado negativo da sua vida.

O fato de não perdoar pode dar a você a ilusão de ser perfeito. Os maus, os bandidos, são aqueles que o machucaram.

Se você os perdoar, terá de abdicar da crença de que o mundo pode ser dividido ao meio, com todos os mocinhos de um lado e os bandidos de outro.

Terá de aceitar que as pessoas têm potencial tanto para serem boas quanto para serem más, e o que é mais difícil de acreditar: que você também tem!

– Não perdoar pode dar a ilusão de força e de poder, pode dar a sensação de estar no controle.

Essa sensação ajuda a compensar a sensação de impotência, de vulnerabilidade que experimentamos quando somos magoados.

– E, além disso, o fato de não perdoar pode dar à pessoa a ilusão de que assim ela evita ser machucada outra vez.

Enquanto não se dispõe a perdoar, a pessoa segue pela vida mantendo a lembrança presente, avivando a dor, ficando sempre alerta contra qualquer perigo potencial, cuidando para não esquecer e correr o risco de ser novamente magoado.

Ostentando orgulhosamente suas mágoas, como se fossem ferimentos de guerra, a pessoa prossegue em sua batalha, mantendo uma lista sagrada de erros que ardem na memória como uma advertência para que nunca mais sejam cometidos.

Para o bom desenvolvimento de suas potencialidades, uma das principais tarefas é aprender a manter e a manipular a energia vital. Quando a vida está parada, estagnada, não flui livremente, geralmente é porque você está se agarrando ao passado, deixando ali muita energia bloqueada.

Pode ser medo, pesar, raiva, culpa, ressentimentos e, às vezes, até mesmo o desejo de vingança, de reparação.

Esses estados de espírito são decorrentes de alguma situação mal resolvida, na qual não houve perdão, de um apego às emoções ligadas àquela lembrança.

Algumas vezes a dificuldade está em perdoar a si mesmo por não ter sido bom o suficiente, por não ter correspondido às expectativas de pessoas que são importantes para você.

Como diz Tweedledee em *Alice no País das Maravilhas*: "Por outro lado, se fosse, poderia ser; se tivesse sido, teria sido; mas como não foi, não foi."

Neste Universo de espaço-tempo, uma das poucas coisas que são impossíveis ao ser humano é mudar os fatos do passado. Só podemos mudar a nossa compreensão do que aconteceu no passado. Você pode dar um uso adequado ao passado: **pode aprender com ele**. Ficar preso ao passado, martirizando-se, sofrendo com o que já aconteceu não acrescenta nada a ninguém.

Com certeza, não existem méritos nem prêmios para o sentimento de culpa, para o arrependimento ou para a infelicidade. Todos os erros devem ser usados para aprender, para tentar melhorar e evoluir.

Ninguém se aperfeiçoa por meio do sofrimento em si. O que acontece é que o sofrimento impele as pessoas a buscar uma solução.

O sofrimento, por si só, não tem valor algum. É um grande desperdício da energia, que é utilizada com uma finalidade não construtiva.

E, além disso, trata-se da produção de energias negativas, que, por sua vez, atraem mais negatividade para a vida da pessoa. É uma bola de neve, um círculo vicioso.

Se você fica absorto, "lambendo suas feridas", remoendo suas dores, corre o risco de nem perceber que a vida vai deixando você para trás, levando com ela todas as boas coisas que poderiam ser suas.

Evite proceder como Mulla Nasrudin, um personagem das lendas orientais: "Certo dia, Nasrudin descansava na sua poltrona, olhando para a parede, enquanto sua mulher olhava para a rua.

Estavam sentados um de costas para o outro, como os casais costumam sentar-se naquela região.

De repente, a mulher disse:

– Nasrudin, olhe! A caravana do mercador mais rico da cidade está passando! Quantas coisas lindas! Que animais exóticos! Quantas pessoas diferentes.

– Que pena! Não estou olhando para esse lado – respondeu, penalizado, Nasrudin.

Ele não olhou. E bastava virar a cabeça...

Assim como Nasrudin, existem pessoas que se recusam a virar a cabeça, que se recusam a olhar a vida por outro ângulo. Existem pessoas que, apesar de tudo, parecem não querer mudar.

Existem pessoas que, por terem passado por experiências negativas, acreditam que a vida toda será assim, como se estivessem predestinadas a isso.

As pessoas que vivem com receio do fracasso ou do sofrimento têm amplas possibilidades de descobrir que são profetas. O que dá origem ao sofrimento e ao fracasso é considerá-los como possibilidades.

Existem pessoas que se esquecem do livre-arbítrio, da responsabilidade por suas escolhas. Não se dão conta do poder que têm em determinar o presente.

Trazer à tona lembranças negativas do passado fortalece, cada vez mais, sua carga prejudicial. Toda vez que você reativa a memória de um fato passado, ela passa a ser presente.

Você fez, no passado, exatamente o que tinha condições de fazer naquele estágio da vida; fez aquilo que lhe permitiu a compreensão que você tinha então.

Se pudesse, de fato, voltar no tempo, você faria as coisas de modo diferente, desde que pudesse levar junto o que você é hoje.

Você só tem poder no aqui e agora. O passado já foi e o futuro ainda está por ser criado.

– Por que o seu futuro não deveria ser radiante, cheio de beleza, de progresso, de crescimento e de realizações?

Viva alimentando a certeza de que todas as suas decisões, todos os seus atos o conduzirão para o caminho certo: para o caminho do sucesso.

Compreenda que mesmo os seus erros podem oferecer-lhe fantásticas oportunidades para um novo aprendizado e para um maior conhecimento.

Visualizando seus desejos em imagens construtivas e enriquecedoras, você será menos limitado pelo passado e mais encorajado pelo presente.

A experiência prova que a tendência é de fato realizarmos os nossos sonhos quando realmente queremos que isso aconteça.

Pratique o perdão. Pergunte-se o que você aprendeu com seus adversários, inimigos, concorrentes, rivais, com aqueles que o decepcionaram, que o magoaram ou deixaram ressentido.

Pense na oportunidade que essas pessoas lhe deram de aprender lições difíceis, na oportunidade de, por necessidade, reavaliar os seus sentimentos, padrões de pensamento, comportamentos, na oportunidade, enfim, de superar a si mesmo.

Tenha em mente que, tanto você quanto a outra pessoa fizeram, naquela ocasião, exatamente o que tinham condições de fazer. Vocês não tinham, naquele momento, a percepção, o conhecimento e o domínio da vida que têm hoje.

É amplamente conhecido que todo problema tem tantas soluções quantas são as pessoas criativas que o enfrentam.

Seja criativo! Esteja disposto a encarar seus velhos problemas de uma perspectiva diferente!

Quem aprende a perdoar a si mesmo aprende a perdoar os outros.

Leia o que diz Norman Vincent Peale a esse respeito:

"A velha sabedoria diz: 'Águas passadas não movem moinhos.'

"– Quem não comete erros?

"Mas, o maior de todos os erros é permitir que algum erro destrua a nossa fé em nós mesmos.

"A única coisa sensata a fazer é estudar e analisar por que cometemos o erro.

"Aprendamos o máximo possível com ele e, depois, tratemos de esquecê-lo e de tocar para a frente.

"Tratemos de agir melhor da próxima vez.

"Certa vez, ao aconselhar um jovem desesperado, li para ele um trecho de um artigo que tinha o título: 'Água debaixo da ponte', e que dizia o seguinte:

"Há muito tempo, certo rapaz debruçou-se sobre o parapeito de uma ponte e ficou olhando as águas do rio que corria lá embaixo.

"Passaram, flutuando, um tronco, um pedaço de pau, restos de madeira. A superfície do rio tornou a ficar lisa. Contudo, a água continuava a correr por debaixo da ponte, como vinha acontecendo havia cem mil anos, ou talvez um milhão de anos.

"Por vezes, a correnteza deslizava com mais rapidez para, de novo, aquietar-se. Mas o rio prosseguia em seu curso, por debaixo da ponte.

"Ao ouvir essa narrativa, o jovem desesperado fez uma descoberta.

"Não foi a descoberta de uma coisa material, de uma coisa que pudesse segurar nas mãos. Nem sequer podia vê-la.

"Tinha descoberto uma idéia. Esta veio-lhe de súbito e, entretanto, muito calmamente.

"Percebeu que tudo na sua vida, algum dia, havia de passar por debaixo da ponte, para nunca mais voltar, como aquela água.

"Desse dia em diante, sempre que cometia um erro, sempre que tinha uma decepção, repetia para si mesmo: 'É apenas água passando por debaixo da ponte.' "

## PARA REFLETIR

### Não julgue

*A crítica e o julgamento estão entre as formações mentais mais resistentes à transformação. Quantos de nós agem de acordo com aquele sábio provérbio dos índios norte-americanos que diz: "Não julgueis outra pessoa enquanto não tiverdes andado uma milha usando os mocassins dela"? Por isso, abra o seu coração e deixe que seu juízo de valor se dissolva em compaixão.*

*Muitas vezes, fazemos críticas aos outros na esperança de que eles mudem. Contudo, a única pessoa que você poderá de fato mudar é você mesmo. A única pessoa a quem pode salvar é você mesmo. Comece em casa. Olhe para dentro do seu coração. Até que ponto aquilo que você julga nos outros não será, na verdade, um aspecto inaceitável de si próprio?*

*Se quiser ver alguma mudança, comece pela cura dessa parte lesada da sua psique. Perdoe a si mesmo pelas próprias faltas. Remova a trave do seu olho, para que possa ver o seu vizinho com mais clareza.*

*Lembre-se de que todo mundo, inclusive você, está fazendo o melhor que pode. Quando puder sentir o infortúnio alheio como se fosse seu, entenderá a situação do próximo sob uma nova luz. Depois de ter caminhado nesses surrados mocassins até ficar com bolhas nos pés, finalmente você estará apto a dizer: "Eu compreendo."* *

## DESAFIO

*Responda para si mesmo estas perguntas:*

- Você se sente vítima das circunstâncias; será que esse papel lhe dá alguma satisfação?

---

* Do livro *Palavras que curam*, de Douglas Bloch, Editora Pensamento, São Paulo, 1993.

- Você tem tendência a "se rebaixar"?
- Palavras destrutivas proferidas na sua infância, por seus pais, professores e outros adultos, continuam a afetá-lo?
- Quem o julgou no passado?
- Como você se julga agora?
- Como você julga os outros?
- Você está disposto a perdoar seus pais, os outros, você mesmo?

## O CAMINHO DO VENCEDOR

- Liberte-se da atitude pessimista de que não há mais esperança. Tudo neste mundo pode ser mudado. Você já percebeu que, na verdade, a única coisa constante no mundo é a mudança?
- Elimine da sua mente imagens mentais de fracassos, de erros, de frustrações e de decepções. Enquanto você fica repassando isso em sua mente, você está dando ordens para que isso se repita em sua vida.
- Aprenda com seus erros e com os erros dos outros. Examine-os com calma e objetividade. Aprenda o máximo possível com eles. Em seguida, afaste-se do erro, sem pensar mais nele, abrindo espaço para novos conhecimentos.
- Mantenha pensamentos firmes e elevados. Pensamentos eficientes resultam em ação, pondo um ponto final no naufrágio das suas energias, que é uma conseqüência do medo e das crenças limitadoras.
- Esteja sempre buscando, estudando, sempre tentando alguma coisa. Creia sempre que é capaz de aprender, de agir e de realizar melhor. Procure constantemente aperfeiçoar-se. Nunca se acomode, achando que chegou ao ponto máximo.
- Acima de tudo, tenha sempre em mente que todos nós estamos nesta vida para aprender, crescer e mudar.

## COMANDOS DE PODER

- Libertando-me do passado, vivo com alegria cada dia da minha vida.
- O passado me deu o que poderia dar. Agora, aproveito cada momento presente.
- Tudo o que acontece na minha vida é para o meu bem.

- Cada pessoa que surge na minha vida acrescenta ou desperta algo em mim.
- Minha capacidade de amar é ilimitada.
- Confio plenamente na minha capacidade.
- Sou perfeitamente capaz de construir, de modificar ou de melhorar a minha vida.
- Todos os eventos da minha vida são magníficas oportunidades para lapidar, aperfeiçoar e transmutar meus sentimentos.
- Maravilho-me da perfeição do Universo.
- Sou cuidadoso e atencioso comigo mesmo.

*Nossos amigos nos mostram o que podemos fazer; nossos inimigos nos mostram o que precisamos fazer.*

Goethe

# XI

# Obstáculos são pontes para o crescimento

*Ter sucesso significa viver corajosamente cada momento e viver o mais intensamente possível. Ter sucesso significa ter coragem de fluir, de mudar, de crescer e todas as demais contradições da condição humana. Ter sucesso significa ser autêntico consigo mesmo.*

Tom Rusk e Randy Read

A capacidade de aprender por meio da experiência – de tirar conclusões, de generalizá-las e de aplicá-las criativamente – é uma habilidade natural e inata que só o ser humano possui.

Os períodos de crise e, principalmente, os problemas são especialmente ricos em potencial de crescimento e de desenvolvimento, desde que você mantenha a perspectiva de que a vida é um universo infinito de possibilidades e procure tirar o melhor proveito, procure compreender a situação da melhor maneira possível.

Como disse John Keats: "O fracasso, em certo sentido, é a estrada para o sucesso, visto que toda descoberta do que é falso nos leva a buscar honestamente o que é verdadeiro, e toda nova experiência assinala alguma forma de erro que devemos evitar com cuidado mais tarde."

Se você decide encarar os percalços como oportunidades para uma reavaliação e um possível redirecionamento, descobrirá que os ganhos subjetivos em compreensão, em sabedoria e em autoconhecimento que disso resultam servem para o enriquecimento da vida como um todo.

Infelizmente, as pessoas, de modo geral, procuram apenas eliminar a crise, solucionar os problemas e anestesiar o sofrimento, sem perceber que os desafios, os obstáculos, os problemas e as crises revelam possibilidades. Em certo sentido, eles são vida: querer fugir deles é fugir da vida.

Encará-los como algo negativo é encarar a vida como algo negativo. Como argumenta Og Mandino: "Uma corrente elétrica seguirá a linha de menor resistência; mas uma lâmpada se acende exatamente porque ali há resistência."

Viver plenamente não é sinônimo de passar a vida evitando, temendo e precavendo-se contra crises, dificuldades e problemas.

Viver plenamente significa enfrentar toda situação que se apresente de forma a aprender algo significativo. Os problemas, as crises devem servir para despertar em você a capacidade de viver plenamente.

Compreenda que você, assim como qualquer pessoa, só vive realmente quando está expressando sua singularidade, quando deixa de ser mais um na multidão, quando demonstra sua individualidade, quando exerce seu direito ao livre-arbítrio, quando se responsabiliza pelas suas escolhas e decisões.

Você expressa sua singularidade quando, de modo eficiente, busca capacitar-se para enfrentar as suas angústias, seus questionamentos, suas dúvidas; quando busca um caminho efetivo para concretizar, para realizar suas expectativas, suas aspirações, seus sonhos, esperanças e desejos, apesar dos obstáculos.

Se algum dia você se sentir desanimado, lembre-se da história contada por Dale Carnegie: "Certa vez, perguntei a Harold Abbot como ele conseguia se ver livre de preocupações. Ele me contou um episódio que nunca esquecerei.

"– Eu costumava me preocupar muito – disse ele – mas, certo dia, eu caminhava pela rua, quando presenciei uma cena que varreu todas as minhas preocupações. Tudo aconteceu em dez segundos, porém durante aqueles dez segundos aprendi mais sobre a vida do que nos últimos dez anos.

"– Fazia dois anos que eu dirigia uma mercearia – informou-me Harold enquanto contava sua história. – Eu não só havia perdido todas as minhas economias, como também contraíra dívidas que levei sete anos para pagar. Minha mercearia fora fechada no sábado anterior. E naquele momento eu me dirigia para o banco para pedir um empréstimo que me possibilitasse ir para Kansas City procurar emprego.

"Meu andar era o de um homem derrotado. Tinha perdido toda a minha confiança e disposição para lutar. Então, de repente, vi subindo a rua um homem que havia perdido as duas pernas. Sentava-se sobre uma plataforma de madeira equipada com rodas de patins. Ele impulsionava a si mesmo pela rua com um bloco de madeira em cada uma das mãos.

"Encontrei-o logo depois que o homem atravessou a rua e começou a tentar erguer-se alguns centímetros sobre o meio-fio para atingir a calçada. Ao inclinar sua pequena plataforma de madeira num determinado ângulo, seus olhos encontraram os meus. Saudou-me num largo sorriso:

"– Bom-dia, senhor! Está uma bela manhã, não é mesmo? – disse ele com vivacidade.

"Enquanto estava ali parado, olhando para ele, percebi o quanto eu era rico. Tinha minhas duas pernas. Era capaz de andar. Senti vergonha da minha autopiedade. E disse para mim mesmo que, se aquele homem podia ser feliz, bem-disposto e confiante, sem as duas pernas, certamente eu também podia, tendo as minhas. Eu já podia sentir o meu peito se erguendo.

"Eu pretendia pedir ao banco apenas cem dólares. Mas agora sentia coragem para pedir duzentos. Pretendia dizer que queria ir para Kansas City *tentar* conseguir um emprego. Mas agora eu anunciaria, de maneira confiante, que queria ir para Kansas City *conseguir* um emprego.

"Tenho agora as seguintes palavras afixadas no espelho do meu banheiro, e as leio todas as manhãs, enquanto faço a barba:

" 'Eu me sentia derrotado por não ter sapatos, até que certo dia encontrei um homem feliz que não tinha pés.' "

Uma maneira muito eficiente de libertar-se do sentimento de desalento, da desesperança ou da autopiedade é seguir o que aconselha Og Mandino, ou seja, fixar sua atenção nas riquezas que você já possui:

"Você venderia seus olhos por um milhão de dólares? Quanto pediria por suas duas pernas? Mãos? Ouvidos? Por quanto venderia seus filhos? Sua família? Faça uma lista de suas vantagens e descobrirá que não venderia nenhuma delas por todo o ouro dos Rockefellers, Fords e Morgans juntos.

"Mas nós apreciamos tudo isso? Ah, não. Como dizia Schopenhauer: 'Raramente pensamos sobre o que temos, mas sempre sobre o que nos falta.' Sim, a tendência para 'raramente pensarmos no que possuímos, mas sempre sobre o que nos falta' é a grande tragédia sobre a face da Terra. E tem, provavelmente, causado mais infelicidade do que todas as guerras e males da história."

O sucesso só tem valor quando você se considera um sucesso. Ser um vencedor é ver-se como uma pessoa de sucesso. Você começa a ter problemas quando acredita que o seu sucesso deve ser avaliado de acordo com as especificações do mundo exterior.

Você precisa responder para si mesmo: O que é o sucesso? Quem avalia o meu sucesso: eu ou os outros? Estou tentando impressionar alguém?

Como afirma Howard Whitman: "A satisfação proveniente do sucesso não precisa ser identificada por ninguém mais, contanto que a própria pessoa tenha conhecimento da sua existência."

Um professor que recebe um magro salário, e é vítima da pouca consideração com que os professores são tratados hoje em dia, talvez não seja considerado bem-sucedido pelo conjunto da comunidade, mas, se no seu coração existir satisfação, uma convicção de que está procedendo bem no trabalho que ama, então ele possui o ingrediente essencial do sucesso, quer os outros tenham conhecimento disso ou não.

O sucesso não é uma camisa-de-força, não é uma fôrma dentro da qual todos devem ser despejados, nem dispõe de um traço característico rígido. É tão individual quanto nossas impressões digitais ou a expressão de nossos olhos. Tudo o que precisamos é a coragem para ser – e ver – nós mesmos.

**Você pode fazer da sua vida o que quiser** – inclusive crescer ou ser derrotado pelos obstáculos.

Essa afirmação vem sendo repetida há muito tempo, especialmente pelos adeptos e pelos que propagam o conhecimento milenar do Poder da Mente.

Nunca é demais relembrar que a ciência, mais especificamente a Física Quântica, está elaborando teorias que confirmam essa premissa.

Os físicos que estudam o campo quântico afirmam que todas as coisas, desde motores até corpos humanos, são feitos de átomos, compostos por partículas subatômicas que, por sua vez, são flutuações de energia e de informação num imenso espaço de energia e de informação.

A conclusão desses cientistas é que a matéria, como algo sólido, não existe. Aquilo que denominamos matéria é uma hierarquia de estados de informação e de energia. Eles nos dizem que a diferença entre duas coisas – por exemplo, a diferença entre um átomo de chumbo e um átomo de ouro – não está no mundo material.

As partículas subatômicas, tais como os prótons, os elétrons, os nêutrons, os quarks, os bósons e outras que constituem um átomo de ouro ou de chumbo, são exatamente as mesmas. O que torna o ouro diferente do chumbo é a organização e a quantidade desses impulsos.

Um pensamento é um impulso de energia e de informação, da mesma maneira que o são todas as coisas do Universo.

Portanto, em tese, qualquer ser pensante é dotado de capacidade para materializar qualquer condição de vida. Qualquer ser pensante tem poder para fazer da sua vida o que quiser que ela seja.

De acordo com Fitzhugh Dodson: "Todo fazedor é primeiro um pensador: a realidade é produto de metas e planos concebidos na mente de homens e mulheres."

Compreender o funcionamento da mente, organizar e quantificar sua energia é, provavelmente, o grande objetivo da existência do ser humano.

Sendo assim, elimine os obstáculos do seu caminho simplesmente encarando-os de maneira diferente, procurando descobrir novas maneiras de seguir em frente.

Se você quiser, pode encarar a tarefa de buscar a excelência pessoal, o sucesso, como uma espécie de guerra. Sabendo que uma guerra é feita de várias batalhas, você será um vencedor se obtiver sucesso no maior número de batalhas. Isso não quer dizer que não perderá algumas.

As batalhas que você perder deverão servir para você aprender, para avaliar sua tática e planejar novas abordagens.

PARA REFLETIR

### Uma estratégia singular para sair de situações de extremo perigo

*Um mestre zen estava sendo perseguido por um urso quando, em sua fuga, caiu de um barranco de cerca de seis metros de altura. Mais ou menos no meio da queda, topou com um galho de árvore que lhe amorteceu a queda. O urso debruçou-se na beira do barranco tentando agarrá-lo. Os golpes de suas patas dianteiras por pouco não lhe atingiam o topo da cabeça.*

*Ele poderia facilmente ter saltado os últimos três metros que lhe faltavam para atingir o solo, não fosse o tigre faminto que tentava agarrá-lo por baixo, e cujas patas chegavam a arranhar-lhe a sola das sandálias.*

*Depois, viu uma cascavel, que rastejava na sua direção ao longo do galho. Debaixo do galho, bem ao alcance de suas mãos, havia um tufo de morangos silvestres.*

*Calmamente, o mestre estendeu a mão, colheu um morango roliço e vermelho, enfiou-o na boca e disse em voz alta: "Mmmm, delicioso!" Por uma razão qualquer, o urso, enfurecido, arremessou-se a ele, perdeu o equilíbrio e caiu sobre o tigre, dando início a uma batalha que amedrontou a cobra e permitiu que o mestre apanhasse mais alguns morangos, saltasse tranqüilamente para o chão e seguisse seu caminho.*

*A mesma estratégia funciona bem para as pessoas comuns em situações difíceis. Se você algum dia se sentir preso entre uma rocha e um lugar perigoso, sem qualquer opção, em vez de reclamar, de gritar ou de se lamentar, experimente deixar tudo isso de lado e fazer alguma coisa que lhe dê prazer. Os resultados poderão surpreendê-lo.* *

## DESAFIOS

- Aceitar a responsabilidade de moldar a sua vida.
- Crescer com a superação dos obstáculos.
- Aceitar que a única qualificação necessária para ser um vencedor é que você seja você mesmo, sem perder de vista que a perfeição ainda não é deste mundo.
- Utilizar da melhor maneira possível suas potencialidades.

---

* Do livro de Irving Oyle e Susan Jean: *A sabedoria interior*, Editora Pensamento, São Paulo, 1994.

## O CAMINHO DO VENCEDOR

James Newman recomenda o uso da técnica que ele denomina "Da Próxima Vez":

"Quando alguma coisa vai mal, procure identificar o que aconteceu – admita o erro – e depois comece a pensar em como vai agir caso esse tipo de situação venha a se repetir."

Ou o uso da técnica que ele chama de "Até Agora":

"Estamos mudando constantemente, e não há razão nenhuma para que o modo pelo qual fez as coisas no passado se repita no futuro. Você pode mudar! É sua obrigação aperfeiçoar-se."

## COMANDOS DE PODER

- Estou sempre crescendo.
- Tenho potencial para enfrentar qualquer situação que se apresente.
- Posso fazer da minha vida o que quiser.
- A vida é rica em possibilidades de aprendizado.
- Sempre aprendo coisas novas e úteis.
- Estou sempre ganhando experiência e conhecimento, e isso me torna sempre melhor.
- Sei aproveitar todas as oportunidades que a vida me dá.
- Sempre descubro maneiras de superar a mim mesmo.
- Viver é um desafio maravilhoso, porque sei que sou capaz de vencer.
- Meu objetivo é ser um sucesso para mim mesmo.

*A esperança é uma questão de sentimento, o sentimento é um servo da vontade, a vontade é o resultado de um desejo e o desejo é formulado pela força do espírito.*

Marcus Bach

# XII

# O espírito dos pioneiros vive em você

*A projeção faz a percepção. O mundo que você vê é aquilo que você lhe deu, nada mais do que isso...*

*Ele é a testemunha do seu estado mental, o quadro exterior de uma condição interior. Tal como pensa, o homem percebe. Por conseguinte, não tente transformar o mundo, mas prefira transformar o seu pensamento acerca do mundo.*

Roger Walsh

Um dia destes estava organizando meus livros na estante quando deparei com um livro que usei no primeiro ano da faculdade.

Tratava-se de um livro de introdução à Psicologia, que resume o pensamento dos principais teóricos dessa ciência.

Por curiosidade, nostalgia ou saudosismo, comecei a folheá-lo.

Surpresa, deparei com uma frase de Maslow, um psicólogo humanista, que diz: "Eu penso no homem que se auto-atualiza, não como um homem comum a quem alguma coisa foi acrescentada, mas como o homem comum de quem nada foi tirado. O homem comum é um ser humano completo com poderes e capacidades amortecidos e inibidos."

Fiquei completamente chocada ao perceber que levei tantos anos para entender, para comungar com o que ele dizia. Numa análise em retrospectiva, confirmei que temos tendência a acreditar naquilo em que já acreditamos.

Como dizia o pai da psicologia norte-americana, William James: "As únicas coisas que normalmente vemos são aquelas que pré-percebemos."

Somos sempre atraídos para o velho, para o habitual, o conhecido, mesmo que ele esteja disfarçado de novo, usando uma roupagem diferente.

Temos uma sensibilidade aguçada para descobrir o que fomos treinados para encontrar.

Sendo assim, desde os primeiros tempos do curso de Psicologia, interessei-me por teorias que diziam que a maioria dos instintos humanos é, em essência, negativo e deve ser continuamente controlada ou dominada.

Esse pensamento me norteou por muito tempo, o tempo suficiente para que eu ouvisse o sussurro do Espírito dos Vencedores e acordasse.

Hoje eu sei, por experiência pessoal e profissional, que nossos instintos são essencialmente bons e os impulsos para o crescimento são a maior fonte da motivação humana.

Estou inteiramente de acordo com a argumentação de Maslow: "É mais exato generalizar sobre a natureza humana estudando os melhores exemplos que puder encontrar, do que catalogando os problemas e as falhas dos indivíduos limitados ou neuróticos. – Certamente, um visitante de Marte que descesse na Terra, e aportasse em uma colônia de inválidos, anões, corcundas congênitos, etc., não poderia deduzir o que eles deveriam ter sido."

Portanto, para entender a natureza humana, é mais sensato estudar não os inválidos, mas o modelo mais próximo de homens completos e saudáveis.

O que encontramos de significativo, o que caracteriza o Espírito dos Vencedores, o que os distingue da média, dos fracassados, é um sistema diferente de motivação, de emoção, de valor, de pensamento e de percepção.

Um vencedor, um ser humano saudável, usa da melhor forma possível seus talentos, capacidades e outras forças. Isso não quer dizer que eles sejam perfeitos ou livres de qualidades negativas; só quer dizer que estão num processo contínuo de desenvolvimento das próprias potencialidades.

Maslow conclui: "Não existem seres humanos perfeitos! Podem-se encontrar pessoas que são boas, realmente muito boas; na verdade, excelentes. Existem, na realidade, criadores, videntes, sábios, santos, motivadores e realizadores magníficos. Esse fato, com certeza, pode nos dar esperança com relação ao futuro da espécie, mesmo considerando que pessoas desse tipo ainda são raras e não aparecem às dúzias. E, ainda assim, essas mesmas pessoas às vezes podem ser aborrecidas, irritantes, petulantes, egoístas, zangadas ou deprimidas.

"Para evitar a desilusão com a natureza humana, devemos, antes de mais nada, abandonar nossas ilusões a esse respeito. Devemos ter em mente que viver é um processo constante de auto-aperfeiçoamento."

Ser pioneiro é acreditar numa idéia antes que ela se torne velha, rançosa, estagnada, senso comum, e quase sem a possibilidade de criatividade e de crescimento.

Ser pioneiro é libertar-se da necessidade de aprovação dos outros. É o medo da rejeição que explica por que as pessoas relutam em expressar idéias originais e se adaptam, sem questionamentos, cegamente, ao pensamento mediano, da maioria, normal.

Normal não é sinônimo de saudável, bom ou desejável. Normal é um conceito estatístico, uma média. Se você quiser determinar o comportamento normal dentro de um hospital psiquiátrico, você fará uma média dentre todos os comportamentos encontrados entre pacientes e funcionários.

Como o número de pacientes é sempre maior do que o de funcionários, a média, o comportamento normal encontrado se aproximará muito mais do comportamento dos pacientes do que do comportamento dos funcionários. Aí, nesse caso, o comportamento normal é o comportamento dos loucos.

Na nossa sociedade, ser normal virou um fetiche, um objetivo a ser duramente perseguido e mantido. A pessoa que busca essa normalidade perde a confiança na capacidade de pensar por si mesma, além de se afastar cada vez mais da sua verdadeira identidade.

Ser pioneiro é perceber que se ganha muito mais abandonando a idéia de ser normal e procurando apenas ser natural.

A evolução pode ocorrer aos saltos, ou passo a passo. Por exemplo, há cinqüenta anos quase ninguém acreditava que o homem pudesse chegar à Lua. De repente, alguém começou a pensar, a acreditar nessa possibilidade. O número daqueles que acreditaram foi crescendo e a idéia foi tomando forma. Alguns puseram em ação essa idéia e ela se concretizou. Hoje, já se começa a pensar inclusive na possibilidade de se chegar a outras galáxias.

Essa idéia entra em consonância com a seguinte argumentação de Thorwald Dethlefsen: "Há bastante tempo os homens vivem uma ilusão, achando que a sua atividade, que as suas ações modificam o mundo, reformulam-no e, quiçá, o melhoram. Essa convicção é uma ilusão de óptica e se fundamenta na projeção da própria transformação."

Se, por exemplo, uma pessoa ler o mesmo livro depois de intervalos longos de tempo, ela o lerá sempre com outros olhos, como se fosse novo, dependendo do seu ponto de evolução no momento da leitura. Se não tivéssemos tanta certeza de que nossos livros são inalteráveis, poderíamos concluir, com a maior facilidade, que o seu conteúdo se modificou.

Nós usamos os conceitos "evolução" ou "desenvolvimento" com essa mesma falta de compreensão. Acreditamos que a evolução é o resultado de acontecimentos e de iniciativas, e não percebemos que ela nada mais é do que a concretização de um padrão constante e subjacente. A evolução nada produz de novo: o que ela faz é tornar-nos progressivamente mais conscientes daquilo que sempre existiu.

Neste ponto, podemos usar novamente a analogia com a leitura de um livro: o conteúdo e a história estão no livro durante todo o tempo, mas o leitor só pode conhecê-los pouco a pouco, à medida que vai lendo.

Durante a leitura, o conteúdo se revela ao leitor página após página, embora o livro talvez já exista há séculos. O conteúdo do livro não adquire vida pelo fato de ser lido; em vez disso, o leitor lê capítulo por capítulo, página por página, inteirando-se de um padrão preexistente.

Não é o mundo que se modifica; o que acontece é que as pessoas manifestam em si mesmas os vários e sucessivos níveis e aspectos do mundo. A sabedoria, a perfeição e a consciência são a capacidade de ver e de reconhecer a totalidade da vida com todo o seu valor e equilíbrio. Para o observador poder reconhecer a ordem é preciso que ele esteja em ordem.

Se você não está em ordem, você precisa:

– Renascer emocionalmente, ou seja, você precisa reconhecer, aceitar e respeitar suas necessidades emocionais verdadeiras.

– Amar a si mesmo, para poder, então, amar aos outros.

– Reexaminar, reavaliar e, se necessário, modificar a qualidade de suas relações com a família, com os amigos, com os colegas de trabalho, assim como os seus vínculos emocionais mais profundos.

– Desenvolver, deixar aflorar sua capacidade criativa, bem como aceitar sua independência e auto-suficiência.

– Superar seus condicionamentos e padrões de pensamento.

Livre-se do complexo de Jonas, que simboliza a recusa de realizar plenamente suas potencialidades.

Assim como Jonas tentou se livrar da responsabilidade de se tornar profeta, muitas pessoas têm medo de usar plenamente as suas capacidades. Preferem a segurança do comum e as realizações não tão difíceis, em contraposição às metas verdadeiramente ambiciosas que exigiriam delas plena expansão.

Seja um pioneiro!

## PARA REFLETIR

*"O homem é aquilo que ele pensa." "Quem pensa demais em alguma coisa acaba se identificando com ela." Esses provérbios expressam uma verdade fundamental: a de que o pensamento é criativo.*

*Olhe em torno do seu ambiente físico. A cadeira onde se senta, as roupas que está usando, a casa onde mora – antes que esses objetos adquiram forma, eles nascem como uma idéia na mente de alguém. É exatamente assim que todas as coisas se manifestam no mundo material. Elas têm origem no reino do pensamento.*

*Da mesma forma, você cria o seu próprio mundo pelas idéias que concebe. É você o escritor, o diretor e o ator do seu próprio filme. Se não está contente com o desenvolvimento do enredo, reescreva o argumento modificando suas idéias e convicções. Conforme o apóstolo Paulo nos faz lembrar: "Seja transformado pela renovação da sua mente."*

*Existe uma enorme energia no pensamento positivo. Quando se espera pelo melhor, cria-se literalmente um campo mental que age como um magnetismo sobre aquilo que se deseja. Os semelhantes se atraem. Essa força também pode trabalhar contra a própria pessoa, conforme Jó descobriu quando compreendeu que: "A coisa que mais temia me ocorreu."*

*É você o responsável pela vigilância atenta daquilo que entra e sai da sua mente. Existe por aí negatividade de sobra que gostaria de encontrar um lugar no recesso da sua psique. Cuide, pois, para que nela só as coisas boas e positivas sejam admitidas.* *

## DESAFIOS

- Preparar-se para um novo começo, talvez até mesmo um salto quântico.
- Ousar saltar, ainda que o medo tente retê-lo.
- Confiar na voz que vem de dentro do seu coração.

## O CAMINHO DO VENCEDOR

- Decida-se a desabrochar de uma vez por todas e expresse todo o seu potencial criativo.
- Descubra em que áreas você tem mais facilidade. De que maneira e em que ambientes você pode se realizar?
- Visualize o seu ideal com o maior número de detalhes possíveis.
- Siga a sua intuição.

## COMANDOS DE PODER

- Viver é um processo de contínuas descobertas.
- Tenho dentro de mim tudo o que é necessário para ser um verdadeiro sucesso.
- Gosto de novidades.
- Sou sempre atraído por eventos positivos e construtivos.

---

* Do *Almanaque do pensamento 1994*, Editora Pensamento, São Paulo, 1994.

- Tudo o que me acontece vem para que eu me harmonize com o Universo.
- As mudanças são sempre bem-vindas, porque sempre me enriquecem.
- Mudar é maravilhoso.
- Toda surpresa me é benéfica.
- Gosto de começar uma nova atividade.
- Sempre me saio bem com novas idéias.

*Sua vida será interessante na mesma proporção do seu desejo de que assim seja.*

Anônimo

# XIII

# Ser é fazer

*Temos medo de confiar em nossas asas. Nós as abrimos e as emplumamos, mas não lhes confiamos o peso do nosso corpo. Com uma freqüência exagerada, estamos apegados demais ao poleiro para ousar fazê-lo.*

Charles Newcomb

Dias atrás, li num jornal que, em um leilão na Inglaterra, um senhor arrematou um diamante por 80 milhões de dólares. Isso me fez pensar que, se ele tem esse dinheiro para investir na compra de uma jóia, quanto mais não terá?

Lembrei-me das grandes fortunas, e refleti que muitas delas foram construídas por um só homem, ou seja, não eram fruto de heranças ou de doações.

Exemplos como o de Bill Gates, que em apenas dez anos construiu uma das maiores fortunas do mundo, confirmam a abundância do Universo. Existe muito dinheiro no mundo, e o fato de estar nas mãos de poucos, de não circular livremente, deve-se à consciência, à crença de que uns podem e outros não podem. E, infelizmente, a grande maioria das pessoas acha que não pode!

Querer é poder, diz um antigo adágio. Se desejarmos alguma coisa com grande intensidade, ela estará ao nosso alcance. A necessidade vem sempre acompanhada de uma solução. Mas, para que a solução se concretize, é necessário um desejo profundo: o de fazer.

Não há nenhum mérito ou virtude na pobreza, na insatisfação ou no sofrimento. Essas condições se estabelecem em conseqüência da ignorância, do desconhecimento quanto às leis que regem o Universo. A pobreza, seja material, mental ou espiritual, deve ser abolida da face da Terra.

É sua função neste mundo encontrar o seu verdadeiro lugar e expressar plenamente todo o seu potencial. Você está aqui para progredir e desenvolver-se de acordo com o potencial que tem, e para produzir riquezas de toda ordem – materiais, mentais e espirituais – que beneficiem toda a humanidade.

O dinheiro, como qualquer outra coisa, pode ser bom ou ruim, dependendo do uso que se faça dele. O dinheiro é o referencial de troca usual; portanto, você precisa dele.

Todos precisamos de um mínimo de conforto, de estabilidade, de segurança material para podermos fluir de modo harmônico na vida.

Existe uma hierarquia de necessidades que o ser humano precisa satisfazer para fluir, para crescer.

De acordo com Abraham Maslow, eminente psicólogo que sistematizou essa escala de necessidades: "O fato é que as pessoas são boas, desde que seus desejos fundamentais (de afeição e de segurança) sejam satisfeitos... Dê-lhes afeto e segurança, e darão afeto e serão seguros em seus sentimentos e comportamentos."

Você deve, você precisa "limpar" a sua mente inconsciente de padrões de pensamento e de crenças no que se refere à pobreza e às limitações em todas as áreas, inclusive na financeira.

Liberte-se de conceitos como: "Não conheço nenhum rico que preste"; "o dinheiro estraga a vida das pessoas"; "tenho orgulho de ser pobre"; "o dinheiro é sujo"; "dinheiro não cresce em árvores"; "quem nasceu para ser pobre nunca sai da miséria", e todas as outras idiotices que você foi obrigado a ouvir para que se conformasse com a pobreza.

A programação mais encontrada é aquela que, por ignorância, valoriza a pobreza devido à crença de que o correto é ser pobre, pois os pobres herdarão o Reino dos Céus.

Quando Cristo disse: "Bem-aventurados os pobres de espírito, porque deles é o Reino dos Céus", com certeza chamava de pobres de espírito àqueles que estão livres de preconceitos – inclusive de preconceitos sobre o dinheiro –, àqueles que estão prontos para mudar conceitos, hábitos, pensamentos e pontos de vista. Ele se referia, creio eu, àqueles que se despiram do orgulho, que têm consciência de que nada sabem e que estão sempre dispostos a aprender.

O pobre de espírito que herderá o Reino dos Céus é aquele que não tem certezas inquestionáveis, que analisa, que busca o conhecimento, o crescimento, o desenvolvimento em todos os níveis, nunca se apegando a verdades parciais, incompletas, pois a prosperidade em todos os aspectos possíveis é a meta da vida.

Como todos sabem: *São Francisco de Assis era um jovem com um futuro promissor quando renunciou a tudo. Santa Clara era uma formosa mulher quando fez voto de castidade. Buda era um príncipe quando abandonou tudo para buscar a iluminação.*

A busca espiritual é, sobretudo, um desafio. Quem a usa para fugir de seus problemas não irá longe. De nada vale retirar-se do mundo aquele que não consegue fazer amigos. Não adianta fazer voto de pobreza quando se é incapaz de ganhar o próprio sustento. Não adianta ser humilde quando se é covarde.

Uma coisa é ter, e renunciar; outra coisa é não ter, e condenar quem tem. É muito fácil para um homem impotente sair pregando a castidade absoluta, mas que valor tem isso?

Analise os ensinamentos de Itzhak Bentov: "...E uma coisa a ser lembrada: não é verdade que pessoas pobres, famintas, se tornam frustradas com a vida – não. Elas não podem ficar frustradas. Elas não viveram ainda – como podem estar frustradas? Elas têm esperanças.

"Um homem pobre sempre tem esperanças. Um homem pobre sempre deseja que alguma coisa aconteça – se não for hoje, será amanhã, ou depois de amanhã; se não for nesta vida, será na próxima.

"O que você acha? Quem são essas pessoas que descrevem o céu como um Playboy Club – quem são essas pessoas? Pessoas pobres e famintas, que não aproveitaram suas vidas – elas estão projetando seus desejos no céu. Existem rios de vinho no céu... Quem são essas pessoas que imaginam rios de vinho no céu? Elas devem ter vivido a falta aqui. E existem árvores que satisfazem desejos. Você se senta sob uma delas, tem um desejo, e no instante em que você deseja, é imediatamente satisfeito. Nem um instante se passa entre o desejo e a sua realização.

"Quem são essas pessoas? São pessoas famintas, que não foram capazes de viver sua própria vida. Como elas podem estar frustradas com a vida?

"...Assim, sou totalmente a favor deste mundo, pois sei que o outro mundo só pode ser experimentado por meio deste mundo."

Conclua que você só pode estar neste mundo para realizar, para concretizar seus sonhos. Richard DeVos nos diz o seguinte: "As pessoas sonham, mas não ousam, não estão dispostas a dizer 'Eu posso', jamais confiando seus sonhos ao mundo real de ação e de esforço – em resumo, as pessoas receiam tanto o fracasso que acabam fracassando.

"Para pessoas nessa situação, resta apenas uma coisa a fazer depois que todos os riscos são pesados e todos os custos, calculados.

"Faça. Tente. Pare de falar sobre o assunto e faça.

"Como vai saber se algum dia poderá pintar esse quadro, dirigir aquele estabelecimento, vender este aspirador de pó, obter aquele diploma, ser eleito para aquele cargo, fazer esse discurso, ganhar aquele jogo, casar com aquela moça, escrever esse livro, preparar aquele suflê, construir aquela casa – a menos que tente?"

Você pode fazer tudo aquilo que verdadeiramente quiser, desde que não compactue com os "sofredores", eternos perdedores que, quando tentam fazer alguma coisa, fazem-na com a idéia preconcebida de comprovar, mais uma vez, que é impossível mudar, ou que tudo não passa de caminhos sem saída, algo que não funciona para eles; ou com a idéia de que devem ser prudentes e esperar por mais "provas" de que isso já é uma realidade e funciona. Esperam pela mudança da sociedade e aí, então, eles mudam.

O fato, a grande verdade da vida, é que você pode ter e ser tudo aquilo que achar que pode ter e ser. Prosperar em todos os aspectos, inclusive o material, é a meta da vida!

Como disse o pensador Dag Hammerskold: "Muitas vezes a verdade é tão simples que é considerada uma pretensiosa banalidade."

PARA REFLETIR

## Como atingir a meta

*Muita gente quer atingir a meta sem ter saído do ponto de partida.*

*Querem chegar a ser alguma coisa sem ter feito coisa alguma para isso.*

*Há ainda os que caminham na direção contrária.*

*Em busca de alegria, alimentam-se de sensacionalismo mórbido.*

*Querem paz, mas buscam agitação e ruído.*

*Querem a paz para o mundo, mas introduzem a guerra em casa e na família.*

*Querem desenvolver uma personalidade forte, mas vivem amarrados às convenções sociais.*

*Querem saber muita coisa sem nada estudar.*

*Querem ser amados sem amar, sem aumentar o amor em seu coração.*

*Querem ser ouvidos, mas não ouvem.*

*Querem a saúde, mas envenenam o corpo e a mente.*

*Querem que o mundo melhore, mas não melhoram o seu pequeno mundo.*

*Querem justiça, mas são injustos.*

*Querem chegar a algum lugar sem sair do seu casulo.*

*Se você quer alcançar um fim, precisa usar os meios.*

*Se você quer atingir a meta, decida-se a partir.* *

## DESAFIOS

- Defina o seu objetivo: o que você quer realmente conseguir?
- O que significa a vitória para você?

## O CAMINHO DO VENCEDOR

- Mentalize o sucesso na sua vida.
- Crie na sua mente imagens de abundância.
- Prepare-se para aceitar a vitória, visualizando-a mentalmente.
- Ponha-se a fazer o que planejou.

---

* Do livro de Darío Lostado: *A alegria de ser você mesmo*, Editora Pensamento, São Paulo, 1993.

COMANDOS DE PODER

- Emocionado, descubro que existe abundância no Universo.
- Alegro-me em saber que tudo aquilo que eu quero eu posso ter.
- Eu mereço todo tipo de riqueza.
- Abençôo todas as pessoas bem-sucedidas.
- Plantando alegremente sementes de abundância, colho riqueza.
- Tenho imenso sucesso em tudo o que faço.
- Sempre espero pelo melhor.
- Aceito, com alegria, todo o bem que o Universo me proporciona.
- Estou mais próspero e feliz a cada dia que passa.
- Minha vida é plena em todos os aspectos.

*Não é a perfeição, mas a totalidade que se espera de você.*

Jung

# XIV

# A vontade é divina

*Para ser grande, sê inteiro; nada*
*Teu exagera ou exclui.*
*Sê todo em cada coisa. Põe quanto és*
*No mínimo que fazes.*
*Assim em cada lago a lua toda*
*Brilha, porque alta vive.*

Fernando Pessoa
14-2-1933

Toda dificuldade encontrada ao trilhar o caminho do desenvolvimento pessoal é um lembrete, uma evocação, uma oportunidade para treinar a persistência.

É uma oportunidade para que você possa demonstrar que é aquilo o que realmente quer. E é, também, uma magnífica oportunidade para despertar, agregar a Vontade necessária para seguir adiante.

A Vontade é necessária, em primeiro lugar, para permitir que você tome a decisão e, depois, para dar força suficiente para persistir, para dedicar o esforço e o tempo necessários e enfrentar todas as dificuldades que se apresentem.

Todo ser humano tem, num grau de desenvolvimento maior ou menor, o atributo da Vontade, a força interior que pode escolher, confirmar e realizar aquilo que escolheu.

A partir da época vitoriana, o significado da Vontade foi desvirtuado. Antes dessa época, a Vontade era vista como uma grande força humana: o potencial que punha à disposição das pessoas sua liberdade, seus objetivos, seus valores, sua dignidade e sua habilidade para criar no mundo material aquilo que pensavam, imaginavam ou sonhavam.

É preciso retomar essa forma de compreensão que reconhece na Vontade um recurso que permite a expressão plena e total dos valores, das perspectivas e da visão pessoal, tornando esses aspectos disponíveis para enriquecer sua vida e a de outras pessoas.

É preciso reconhecer na Vontade o instrumento da vida interior, a ponte que torna possível a Sabedoria Interior e o senso de direção.

A Vontade verdadeira é livre e onidirecional: todas as opções estão igualmente abertas.

Infelizmente, a grande maioria das pessoas, ao examinar suas experiências, no que se refere às suas escolhas, percebe que isso raramente acontece.

É preciso, então, responder às seguintes perguntas:

– O que está determinando a direção e o foco da sua vontade?

– Você está realmente fazendo escolhas livres? Se não, quem ou o que (padrões subconscientes) escolhe por você?

– Você procura escolher o melhor ou o mais fácil e menos doloroso?

A interação com a Vontade é uma experiência fantástica de liberdade, de integridade pessoal e de um profundo senso de identidade.

Geralmente, as pessoas não têm a oportunidade de passar por essas experiências, porque os fatores que influenciam e determinam a seleção são, para elas, tão complexos e incompreendidos que uma escolha verdadeiramente livre é algo raro.

Grande parte das escolhas são determinadas por hábitos de comportamento e padrões de pensamento. Apesar disso, a maioria das pessoas tem a ilusão de que sua Vontade é livre.

A escolha, muitas vezes, é influenciada por outras pessoas, pelas expectativas da comunidade e da sociedade em que se vive, pelos papéis assumidos, pela idade, pela educação, pela visão de mundo adotada.

Freqüentemente, as escolhas são feitas em função de sentimentos, medos, desejos e tendências predeterminados e condicionados.

E também ocorre, com muita freqüência, que o desejo de acomodação ou de evitar o que possa ser doloroso seja a motivação da escolha.

Com certeza, você já percebeu, algumas vezes, a ausência da livre escolha. Certamente, você já fez comentários deste tipo:

– Eu sabia que deveria agir de outra forma, mas não pude resistir.

– Algo me dizia que as coisas eram assim, mas eu não ouvi.

O que acontece é que, nessas situações, o consciente colabora com os padrões registrados no subconsciente – sentimentos inadequados, limitações e condicionamentos.

Para direcionar suas escolhas, sua mente consciente racionaliza, encontrando motivos para justificar essas escolhas, sem que você se dê conta de que não está realizando uma escolha verdadeiramente livre, guiada pela Vontade pura.

Lembre-se: para operar seu mecanismo mental, você sempre conta com os dados registrados no subconsciente.

A Vontade livre, muitas vezes, é um impulso que contraria os dados e argumentos encontrados pela razão, pela lógica.

A razão, a lógica, é uma função do consciente e, na maioria das vezes, é determinada pelos conteúdos do subconsciente. Por isso, é necessário que você aprenda a reconhecer e a deixar-se guiar pela Vontade pura.

É necessário libertar-se da idéia de que a Vontade deve ser controlada pela inibição ou pela força, como se você estivesse domesticando um animal selvagem. Ou, então, de que a Vontade deve ser despertada à força, como se você estivesse tentando fazer um carro "pegar no tranco", empurrando-o pela traseira.

A "força de vontade" é apenas um dos aspectos da Vontade. Esse aspecto da Vontade, muitas vezes, é o que permite manter nossas escolhas, apesar das dificuldades ou obstáculos.

A força de vontade se caracteriza pela perseverança, pela resistência e pela tenacidade, qualidades que devem ser prestigiadas, que têm seu lugar na Vontade humana plenamente realizada, mas que não são tudo, não são sua essência.

A força de vontade só tem méritos quando não está dissociada dos outros aspectos da Vontade, da Sabedoria, da Empatia, dos sentimentos interiores que geram o entusiasmo e um propósito maior.

Como diz Roberto Assagioli: "A Vontade pura não é uma qualidade simples, única, nem um instrumento rígido, ameaçador, que se apodera de outros aspectos da nossa natureza.

"A Vontade pura é uma função multifacetada, que se origina de nossa identidade mais profunda, podendo harmonizar, dirigir e utilizar, de maneira construtiva, partes da personalidade que muitas vezes se encontram em conflito, sem reprimir nenhuma delas."

Para que você possa, realmente, fazer escolhas livres, tomar posse do potencial da Vontade, será de grande utilidade conhecer os oito estágios ou fases da Vontade, que são os seguintes:

## 1. Reconhecer, ouvir e aliar-se à voz do inconsciente superior

Reconheça a direção e o propósito mais elevado em si mesmo, que é revelado pela Vontade pura – um reflexo da Vontade Divina; uma semente que contém em si todos os Atributos Divinos. Nela estão contidos 100% do que você é ou pode vir a ser. Preste atenção à voz interior. Alie-se a ela. Agregue todos os seus atributos. Eles são as suas ferramentas. Faça o melhor uso possível dessas ferramentas. Afie o seu machado.

Conta uma historieta que dois lenhadores entraram num concurso para saber quem cortava mais lenha durante um dia de trabalho, desde o amanhecer até o anoitecer.

Um dos lenhadores era um homem bastante jovem, vigoroso e forte, enquanto o outro era mais velho e de aparência mais frágil.

No dia do concurso, logo ao amanhecer, o primeiro saiu rápida e vigorosamente a cortar, a derrubar árvores e amontoar lenha.

O segundo lenhador sentou-se e, aparentemente, não parecia muito disposto a vencer a disputa.

Quando o dia já ia pelo meio da tarde, o primeiro candidato já tinha acumulado uma pilha razoável de lenha, apesar de perceber que, a cada momento, a tarefa ficava mais difícil, tinha de fazer mais força e já estava quase esgotado, pronto para encerrar.

Resolveu dar uma parada e ver como estava indo o seu concorrente. E, ao ver que ele ainda estava sentado, de costas para ele, como se estivesse olhando para o horizonte, resolveu fazer uma pausa e encaminhou-se até um bar das imediações, pondo-se a beber, enquanto já se vangloriava e comemorava a vitória por antecipação.

Quando voltou para "receber o prêmio", percebeu, atônito, que o seu concorrente já o havia superado em muito, e parecia descansado e bem-disposto.

Ainda sem acreditar no que via, encaminhou-se até o velho lenhador e perguntou:

– Como é que você conseguiu cortar toda esta lenha em tão pouco tempo, se ainda há pouco, no meio da tarde, você não havia cortado nenhum tronco e não estava fazendo nada?

– Meu filho, você acertou em parte – explicou calmamente o velho lenhador. – Realmente, eu ainda não havia cortado nenhum tronco, mas, quanto a pensar que eu não estava fazendo nada, você está enganado – disse ele. E concluiu: – Enquanto eu reunia as minhas forças e planejava minhas ações, eu estava afiando o meu machado!

## 2. Determinar a meta

A finalidade ou meta, além de ser elevada, precisa ser possível de atingir. Preste bastante atenção ao hábito humano, muito comum, de complicar o que é simples. Muitas vezes você coloca em lugares inacessíveis o que está ao alcance da mão.

Podemos ter objetivos – ideais, sonhos – muito elevados, mas que, vendo as coisas de forma realista, nos são inacessíveis naquele momento.

Quando o sonho é grande – e o ideal é que seja assim – uma meta alternativa, embora menos elevada, deve ser considerada, sem perder de vista o objetivo maior.

Para se atingir um objetivo muito grande, muitos passos terão que ser dados. Determine esses passos, delimite-os no tempo e ponha-se a caminho. Veja-os como degraus de uma escada que o levarão ao objetivo maior. O importante é definir precisamente o que se quer.

Durante a caminhada rumo às suas metas, lembre-se de nunca colocar a felicidade no final da estrada. Seja feliz a cada passo da caminhada, pois a infelicidade pode fazer com que desista dos seus sonhos.

Como lembra Joseph Campbell: "Se você seguir no encalço da sua felicidade, entrará numa trilha que sempre esteve à sua espera, e a vida que deveria estar levando é a única que lhe cabe viver.

"Quando você compreender isso, começará a conhecer pessoas que estão dentro do campo da sua felicidade e elas abrirão as portas para você.

"Eu lhe digo: vá em busca da felicidade sem medo, e as portas se abrirão onde menos você esperar."

## 3. Fazer suas escolhas

Este estágio, muitas vezes, é o mais difícil. Ele envolve a escolha e confronta com a forte tendência do ser humano de querer, ao mesmo tempo, duas coisas que se excluem mutuamente. Por exemplo: querer guardar a sobremesa e querer comê-la.

A escolha deliberada alicerça-se mais no princípio da realidade do que no princípio de relatividade, ou seja, não se pode ter tudo; é preciso escolher entre as alternativas.

A dificuldade, muitas vezes, em tomar uma decisão voluntária deve-se ao fato de que a pessoa percebe que a decisão envolve responsabilidade.

Quem teme a responsabilidade renuncia ao dom mais precioso: o do livre-arbítrio.

Citando Paulo Coelho: "Diz o Mestre:

"– A encruzilhada é um lugar sagrado. Ali o peregrino tem de tomar uma decisão. Por isso os Deuses costumam dormir e comer nas encruzilhadas.

"Onde as estradas se cruzam, se concentram duas grandes energias – o caminho que será escolhido e o caminho que será abandonado. Ambos se transformam em um caminho só – mas apenas por um pequeno período de tempo.

"O peregrino pode descansar, dormir um pouco, até mesmo consultar os Deuses que habitam as encruzilhadas. Mas ninguém pode ficar ali para sempre: uma vez feita a escolha, é preciso seguir adiante, sem pensar no caminho que se deixou de percorrer. Ou a encruzilhada se transforma em maldição."

## 4. Estar convicto, comprometer-se com a escolha

Desenvolva a certeza inabalável de que a meta será alcançada, de que é possível realizá-la. Disponha-se a correr riscos, num espírito de corajosa aventura.

Todos os grandes mestres ensinam: "Se você está percorrendo o caminho dos seus sonhos, comprometa-se com ele. Não deixe a porta de saída aberta, com a desculpa: 'Ainda não é bem isso que eu queria'. Essa frase guarda dentro de si a semente da derrota.

"Assuma o seu caminho. Mesmo que precise dar passos incertos, mesmo que saiba que poderia fazer melhor o que está fazendo.

"Se você aceitar suas possibilidades no presente, com toda a certeza vai melhorar no futuro. Mas, se negar suas limitações, jamais se verá livre delas.

"Enfrente seu caminho com coragem, não tenha medo da crítica dos outros. E, sobretudo, não se deixe paralisar por sua própria crítica."

Goethe afirma: "Com referência a todos os atos de iniciativa e de criação existe uma verdade fundamental – cuja ignorância destrói incontáveis idéias e magníficos planos: a de que, desde o momento em que uma pessoa assume um compromisso de forma definitiva, a Providência também o assume. Todas as coisas contribuem para concretizar o que, de outra forma, jamais teria ocorrido."

## 5. Planejar suas ações

Este estágio requer uma visualização prévia das várias fases da execução, desde o ponto de partida até a meta final.

Aqui, dois riscos devem ser evitados:

– O primeiro consiste em manter a atenção e a direção da Vontade tão centradas na meta final que tudo o mais perde o valor.

– O segundo, mais comum, é o de se interessar pelas metas secundárias e pelos meios para a sua realização, supervalorizando-os e perdendo a visão do todo num mar de detalhes.

## 6. A energia para dar forma

Neste estágio, são requeridas duas das qualidades mais importantes da Vontade: o poder dinâmico da Vontade, que é aquela energia propulsora dirigida para um determinado ponto; e a persistência, ou perseverança, que vem logo a seguir.

Conta uma lenda: Três fadas foram convidadas para o batizado de um príncipe.

A primeira lhe deu de presente o dom de encontrar o amor. A segunda lhe deu de presente o poder de materializar dinheiro para fazer o que quisesse. A terceira lhe deu o dom da beleza.

Quando elas haviam terminado, apareceu a bruxa, que não havia sido convidada para a festa. Furiosa, ela lançou sua maldição: – Você terá talento e vontade para fazer todas as coisas!

Ninguém ficou preocupado com isso, pois mais parecia uma bênção do que uma maldição.

O príncipe cresceu belo, rico e apaixonado. Porém, jamais conseguiu cumprir um objetivo sequer!

Era excelente pintor, escultor, matemático, escritor... Mas nunca conseguia completar nenhuma obra. Logo mudava de idéia e tinha vontade de fazer outra coisa.

A persistência é filha da Vontade pura. Por isso, ouça a sua Vontade, escolha o seu caminho, e vá até o final. Não tente percorrer todos os caminhos.

Todos temos um potencial ilimitado de vontade e de opções para moldar a nossa vida.

À medida que nos tornamos mais capazes de escolher com liberdade e consciência, de expressar nossa Vontade, adquirimos a segurança interior de saber que podemos depender de nós mesmos e determinar a nossa própria vida.

Os sonhos nunca morrem de morte natural; morrem por negligência e abandono; por cegueira e indiferença, e por não se dar a eles o devido valor. Os sonhos morrem por não terem sido alimentados. O alimento dos sonhos é a Vontade.

Procure não tratar a vida como o livro que você pretendia ler, o telefonema que tencionava dar, a carta que planejava escrever.

Muitas vezes, você acha "boas" justificativas para permanecer onde está:

– Talvez não seja o momento mais oportuno.

– Talvez esse estado de espírito não seja o mais propício.

– Talvez os planetas estejam em posição desfavorável.

Quando não estamos motivados, qualquer desculpa serve! E, assim, os dias se enchem de oportunidades perdidas e de adiamentos, no lugar da ação, que é tão necessária.

## 7. Ter fé é essencial

Todos os estágios acima perdem sua importância e validade quando você parte para a ação sem a confiança, sem a certeza de que vai conseguir atingir seus objetivos.

De nada valerá receber da Divindade uma Vontade pura e boa, determinar um objetivo, fazer boas escolhas, comprometer-se com elas, planejar suas ações, pôr-se perseverantemente a agir, quando você não acredita que vai conseguir os resultados almejados. Todo o trabalho será perdido se você se puser a duvidar das forças que o guiam.

De nada adiantam tantos atributos se você não crê neles, se não acredita que os tem, se não se sente divinamente guiado.

Desde o momento em que sente determinada a sua Vontade, ponha-se confiantemente em ação. O Universo agregará os meios necessários para fazer valer a sua Vontade.

Tenha muito cuidado com aquilo que diz. Cuide para que suas palavras sejam sempre a expressão da sua Vontade. Nunca diga coisas negativas. Enalteça a si mesmo e aos outros e, principalmente, cerque suas idéias, sonhos e objetivos com palavras que confirmem sua crença na consecução.

Cada palavra que pronunciamos é uma cerca que envolve uma idéia ou um pensamento. O vocabulário eloqüente é uma ferramenta poderosa, mas deve ser usado com moderação, como um meio de proteger e preservar as suas energias na caminhada rumo aos seus objetivos.

Quando falamos, fazemos o Universo vibrar em consonância com o que pensamos.

Mantenha a mente aberta para o que diz a sua Vontade pura. A fala constitui-se numa força tremenda, quando dirigida pela sabedoria oculta.

Momentos de reflexão, em que você busca a quietude, a tranqüilidade, são propícios para que você receba as mensagens do seu inconsciente. Então, a força primordial poderá agir através de você. Mantenha-se apto que o Universo fará o resto.

Meister Eckhart lembra o seguinte: "Para chegar ao âmago de Deus, e no seu sentido mais amplo, o indivíduo deve primeiro chegar ao âmago de si mesmo no seu sentido mais restrito, pois ninguém pode conhecer a Deus sem que tenha, primeiro, conhecido a si mesmo. Mergulhe nas profundezas da alma, a secreta morada do altíssimo, até as raízes, até as alturas; pois tudo o que Deus pode fazer está concentrado aí."

## 8. Manter-se em equilíbrio

Este estágio o convoca a procurar evitar todos os extremos na sua vida cotidiana.

A partir de uma posição de equilíbrio, tudo se desenvolve de maneira harmoniosa. Cada coisa estará no seu devido lugar e terá o seu devido valor.

As tempestades da vida nos fazem perder o equilíbrio repetidas vezes.

A mudança constante entre o centrar-se e o descentrar-se é o processo que nos ensina a ser mais conscientes a cada momento que passa, de modo que sejam mantidas a paz e a clareza interiores, quando as encontramos.

O seu estado de equilíbrio, ou de desequilíbrio, é o que determina o teor das experiências que você vive, o seu mundo material.

Desenvolva e viva uma orientação sadia, de forma que suas ações tenham um ritmo adequado aos objetivos que você traçou para si.

Todas as transformações materiais que ocorrem na sua vida são, na realidade, manifestações especializadas das energias emanadas de você. É sua tarefa dirigir essas energias, e você poderá fazê-lo por meio da sugestão. Sua mente subconsciente controla as funções do corpo e dirige as quantidades de energia vital que o corpo recebe. Ela também recebe sugestões da mente consciente e reage às mesmas.

Seu domínio sobre essas energias só pode ser conseguido pela força branda, espiritual, e não pela força bruta. Use a auto-sugestão como recurso para dirigir essas energias.

Seus ideais, sonhos, desejos, aspirações, objetivos, que emanam da sua Vontade, são coisas pelas quais você deve zelar, tratando-as com bastante cuidado. Cultive a sua Vontade.

Qualquer sugestão que emana da sua Vontade estabelece uma reação em cadeia no subconsciente que, eventualmente, resultará em manifestação. A qualidade dessa manifestação é fruto da sua atuação neste estágio.

## PARA REFLETIR

*Talento nasce com a gente.*
*Bom senso você tem de adquirir.*
*Cultura você consegue na escola.*
*Conhecimento, o mundo lhe proporciona.*
*Juízo é algo que você adquire com o tempo.*
*Experiência é um remédio amargo que a vida lhe dá para ser tomado com uma gotinha de consciência.*

*Sabedoria é um sonho que muita gente persegue mas pouca gente realiza.*
*Sucesso ou fracasso são pontos de vista.*
*Reputação é o ouro que reveste a pílula.*
*Satisfação é o derradeiro objetivo da existência.**

## DESAFIOS

- Aprender a seguir a sua Vontade Pura.

## O CAMINHO DO VENCEDOR

- Aceite o fato de que a realização dos seus desejos é possível aqui e agora.
- Imagine a luz e o calor do Sol no seu peito e no seu coração. Lembre-se, várias vezes a cada dia, de que o Sol – a Vontade Divina – brilha em você e por seu intermédio.

## COMANDOS DE PODER

- Tomo minhas decisões iluminado pela Sabedoria Universal.
- Aceito minha vontade pessoal como expressão da Vontade Divina.
- A Vontade me diz quem sou e o que posso fazer.
- Sou maravilhosamente conduzido pela Vontade Divina.
- Com sabedoria, faço escolhas livres.
- Livro-me de todos os condicionamentos limitantes e expresso tranqüilamente minha vontade real.
- Sou divinamente guiado pela Vontade Pura.
- Aliado à Vontade Pura, faço o que é preciso com facilidade.
- Sempre sei o que quero.
- Assumo o compromisso de realizar a minha vontade.

*Não há fracasso, exceto quando se deixa de tentar.*

---

* Do *Almanaque do pensamento 1989*, Editora Pensamento, São Paulo.

# XV

# Sonhar é preciso

*Prenda-se aos seus sonhos, porque eles são, em certo sentido, a essência mais íntima da realidade. É por meio dos sonhos que mantemos a possibilidade de uma vida melhor, mais significativa. Mesmo quando a realidade nos impõe limites, nossos sonhos continuam a nos oferecer um amplo leque de oportunidades.*

Roberto Assagioli

Pela vontade de Deus, o homem foi criado à Sua imagem e semelhança, e tem, em potencial, todos os seus Atributos, inclusive a Vontade, o querer.

Tudo no Universo se iniciou e se inicia com o ter uma vontade, com o querer, o desejar, o sonhar com algo.

Deus imprime em nós essa vontade, esse desejo, esse querer, esse sonho, esse impulso incontido para fazer alguma coisa, para ser de um determinado modo, para estar em certos lugares, para viver certas experiências, para nos realizar plenamente.

Esses impulsos – vontades, desejos, sonhos, etc. – já contêm em si tudo o que é necessário para a sua concretização, assim como a semente já contém em si tudo aquilo que é necessário para ser uma árvore.

Definir o que se quer, realmente, é o primeiro passo para consegui-lo. Definir o que se quer é criar sementes capazes de se manifestarem.

Para que essas sementes se manifestem, para que sua vontade se concretize, elas precisam ser plantadas. Você precisa escolher um solo fértil, preparado, para semeá-las. O solo em que devem ser plantados os seus sonhos é o seu subconsciente.

Sua imaginação é o único limite para as coisas que você espera obter no futuro.

Como prega Napoleon Hill: "Qualquer coisa que o cérebro humano conseguir conceber e crer, conseguirá obter."

Portanto, seu subconsciente deve estar limpo de negatividade e limitações. Você precisa acreditar que merece, que pode, que é capaz. Depois, você precisa, constantemente, adubar e regar o solo do seu Jardim Interior.

Para adubar e regar os seus sonhos, você precisa visualizá-los como se já fossem realidade, emocionar-se com eles, vivê-los mentalmente com intensidade.

Sonhar é um degrau além da vontade, do desejar, do querer. Qualquer coisa que existe na Terra foi antes sonhada, visualizada, criada na mente. Quando sonha, você estabelece um objetivo, uma meta, cria em sua mente, pela visualização, a realidade que você deseja.

O Universo é um campo de infinitas possibilidades de eventos, os quais se materializam quando a energia necessária para a sua concretização atinge um determinado nível. Quando você diz ao Universo o que quer, por meio de pensamentos, de mentalizações e de visualizações, você está alimentando energeticamente a possibilidade da ocorrência do evento desejado.

Leia o que nos diz Leo Buscaglia a respeito dos seus sonhos: "Quando eu era pequeno, muitas vezes me disseram que os sonhos das pessoas mais humildes não se realizam. Também me disseram que eu nunca freqüentaria uma faculdade e que também seria melhor se eu tivesse objetivos mais acessíveis, que me voltasse para metas mais realistas. Mas continuei a sonhar e a definir meus objetivos, de uma forma ou de outra. Não só fui para a faculdade, como me graduei com doutorado.

"Nunca desisti de um único sonho.

"Para mim, tudo o que é valioso vale o risco. Insistir na segurança é perder a essência do jogo. Por certo, o risco traz consigo a possibilidade de sofrimento, embora haja um sofrimento mais profundo oriundo do vazio de nunca se ter arriscado em nada. Sem dúvida, ninguém que obteve êxito insistiu na segurança."

Sonhar é preciso, é vital, é essencial. Sonhe seus sonhos, crie na sua mente tudo aquilo que deseja para a sua vida, demonstre seus desejos. Diga para o Universo o que você quer, pondo-se a caminho dos seus objetivos. Agindo com perseverança e confiança, certamente você será atendido.

O pesquisador Alan Richardson demonstrou que, em alguns esportes, a visualização mental – o sonhar acordado – é mais eficiente que a prática.

Sob a sua orientação, um grupo de voluntários fez mentalmente um exercício de ginástica na barra. Richardson pediu a todos que se "vissem e sentissem" fazendo esses movimentos durante cinco minutos, e só depois disso fizessem, realmente, o exercício na barra.

A suposição era a de que, se a formação de imagens mentais – o sonhar acordado – melhorasse o rendimento, facilitasse o fazer, as pessoas que melhor conseguissem imaginar, que tivessem uma imaginação mais vívida, teriam um desempenho melhor.

E foi exatamente o que aconteceu!

Muito mais conclusivos são os resultados obtidos com dois grupos de pessoas que tinham a mesma capacidade de encestar bolas de basquete. Um dos grupos foi orientado para praticar diariamente na quadra, ao passo que o outro grupo foi orientado para usar o mesmo período de tempo a visualizar-se fazendo cestas perfeitas, sem praticar.

Quando os dois grupos competiram, adivinhe o resultado: os visualizadores ganharam.

Seja um vencedor! Use a sua imaginação, sonhe com coisas boas, positivas, construtivas e felizes.

Elimine da mente as preocupações. As preocupações não passam de um mau uso da imaginação.

A pessoa preocupada, em vez de usar a imaginação para criar coisas agradáveis, cria aborrecimentos, desastres, insatisfações e frustrações.

Se você fizer uma análise de suas preocupações, muito provavelmente vai descobrir o seguinte:

– 40% de suas preocupações estão relacionadas com coisas cujas probabilidades de acontecer são exíguas;

– 30% de suas preocupações estão relacionadas com decisões já tomadas e que não podem ser mudadas;

– 12% de suas preocupações advêm de críticas sem importância feitas por outras pessoas;

– 10% de suas preocupações estão relacionadas com medos: da morte, da velhice, da pobreza, etc.

– 8% são realmente preocupações válidas.

Veja só! Com certeza, você pode eliminar 92% das suas preocupações!

Conforme acentuou o grande pensador Norman Vincent Peale: "A preocupação nunca livra o amanhã de seus pesares; apenas impede as alegrias de hoje."

Vencedores são pessoas que conseguem olhar para um terreno vazio e imaginar ali um belo e verdejante condomínio habitado por pessoas felizes; ou levar, com um projeto ou uma idéia, um grupo de pessoas desmotivadas a um verdadeiro e contagiante entusiasmo.

Você tem a ferramenta necessária para ser um vencedor: a imaginação, a capacidade de sonhar. Use-a!

*Há várias categorias de artistas. Uma das que mais deveríamos celebrar é a dos artistas da própria vida, que usam de instrumentos precários para exprimir o inexprimível: sem um pincel sequer, pintam a vida em cores vivas; sem um cinzel, esculpem a magia do existir; sem uma única escala musical, criam música para todos nós; sem nenhuma coreografia, dançam a dança da vida.*

Para concretizar seus sonhos, você precisa estabelecer um programa de metas. Antes de dar o primeiro passo, você precisa saber para onde quer ir.

A primeira questão a que você precisa responder é: O que eu quero?

O poder não tem muita serventia se você não tiver uma boa idéia de onde quer usá-lo.

A mente inconsciente está sempre procurando informações, a fim de nos encaminhar para direções específicas.

Quando a mente tem um alvo definido, ela pode focalizar e dirigir, e refocalizar e redirigir, até alcançar a meta pretendida. Se não houver um alvo definido, a energia é dissipada.

Muitos cientistas proeminentes e pesquisadores do cérebro, tais como o físico David Bohm e o biólogo Rupert Sheldrake, postulam a existência de uma consciência coletiva para a qual todos nós podemos ser atraídos. Isso conforma a máxima que prega: *Quando estamos em harmonia, tudo conspira a nosso favor.*

Existem pessoas que parecem estar perdidas num nevoeiro de confusões: vão para um lado, depois para o outro; tentam uma coisa e, então, de repente, mudam para outra; andam um pouco em um sentido e, então, voltam-se para uma direção contrária.

O problema delas é simples: não sabem o que querem!

Você não pode atingir um alvo se não souber qual é esse alvo!

Então, para definir seus sonhos, formular seus objetivos, suas metas, siga estas regras:

- Formule seus objetivos em termos positivos. Diga o que quer e esqueça o que não quer.
- Seja o mais específico possível. Detalhe o máximo que puder: como parece, soa e cheira o seu objetivo, como você o sente. Quanto mais ricas e detalhadas forem suas descrições, mais fortalecerão sua mente para buscar a realização.
- Veja-se como se já tivesse alcançado o objetivo. Como você parecerá a si mesmo, como se sentirá, o que você verá e ouvirá. Avalie suas respostas para definir se é isso que você quer realmente.
- A responsabilidade é sua. Seu objetivo deve depender exclusivamente de você, não deve depender de que outras pessoas mudem seus desejos ou conceitos.

Para concretizar, para atingir suas metas, você pode proceder da seguinte maneira:

## 1. Ter um sonho

Para começar, você precisa desejar, querer, almejar ser, ter ou fazer algo. Você precisa estar motivado. A motivação fornecerá a energia necessária para o sucesso.

– Faça uma lista dos seus sonhos: relacione todos os seus sonhos, independentemente de qualquer restrição, sem nenhuma limitação. Pegue papel e caneta e comece a escrever. Procure escrever sem parar, de dez a quinze minutos.

Não tente definir agora como irá conseguir esses resultados. Só escreva.

Sinta-se como um rei. Não há limites. Tudo é possível.

Leve o tempo necessário para fazer uma lista de objetivos com relação ao trabalho, à família, aos relacionamentos, ao estado mental, emocional, físico, social e material.

Uma maneira agradável de determinar metas é fingir. Finja que tudo é possível. Deixe a sua mente voar, livre.

Quando estiver satisfeito, confronte sua lista com as regras dadas anteriormente:

- Suas metas estão expressas de forma positiva?
- Suas sensações são bem definidas?
- Descreva o que sentirá quando as realizar:
  O que verá?
  O que ouvirá?
  O que sentirá?
  Que cheiro sentirá?
- Você quer se responsabilizar pelos resultados?
  Sonhos são vontades; portanto, você tem, potencialmente, capacidade para realizá-los.
  Focalize o resultado positivo. Os impedimentos, você os irá vencendo à medida que forem aparecendo no caminho.
- Registre no subconsciente os seus sonhos. Visualize-os com o máximo de detalhes possíveis. Sinta-os acontecendo. Escreva lembretes para si mesmo. Desenhe ou faça uma colagem que represente seus sonhos, e deixe-a em um local visível. Fale dos seus sonhos, compartilhe-os com pessoas próximas.
- Entusiasme-se com os seus sonhos. Alie esperança, pensamento positivo e otimismo para criar o entusiasmo necessário para o sucesso.

## 2. Definir a base

Resolva por onde começar: e quem sabe você precisa começar aceitando que pode mudar; ou encontrando meios para desistir dos seus velhos padrões de pensamento, dos condicionamentos que lhe são prejudiciais, de suas mágoas e rancores – provavelmente abrindo-se para novas possibilidades.

- Encontre razões suficientes para fazer alguma coisa. Razões são a diferença entre estar interessado e estar empenhado em algo. Se você tem um porquê bastante forte, sempre poderá resolver como fazer.

## 3. Criar um modelo

Defina e visualize como você quer ser, qual a vida que quer levar quando atingir sua meta. Você é livre para modificar o que existe, para criar aquilo em que acredita e para atingir a sua meta ou objetivo.

Você pode optar por amar ou odiar, por ser feliz ou infeliz, esperançoso ou desesperado, livre ou oprimido, leve ou amargurado.

## 4. Assumir um compromisso

Existe uma lei básica: só atinge suas metas quem QUER que isso aconteça. Desistir logo que surgem os primeiros obstáculos é uma tragédia. Muitas vezes o sucesso está no próximo passo.

Existem bem poucos obstáculos capazes de resistir à perseverança, à determinação e à paciência.

## 5. Detalhar o plano

Como as coisas vão ser quando você atingir suas metas? Esses detalhes enriquecem seus sonhos e aumentam a probabilidade de que eles se concretizem.

## 6. Entusiasmar-se

Motive-se! Viva com alegria cada pequeno passo que der em direção à sua meta.

## 7. Determinar o tempo

Como define bem o ditado anônimo: *O tempo é a forma de a natureza impedir que tudo ocorra de uma só vez.*

Determinar o tempo é dar as coordenadas, é programar o seu subconsciente.

## 8. Criar o seu dia ideal

- Que pessoas compartilhariam desse seu dia ideal?
- O que você faria?
- Como seu dia começaria?

- Aonde você iria?
- Onde você estaria?
- Imagine seu dia ideal desde a hora do despertar até a hora de adormecer.
- Como você se sentiria no fim de um dia perfeito?

Usando papel e caneta, descreva, o mais detalhadamente possível, esse dia tão sonhado. Lembre-se de que todos os resultados, ações e realidades que vivenciamos começam com criações em nossa mente; portanto, use a imaginação! Crie o seu dia perfeito!

Podemos comparar o viver com uma grande tela na qual, pouco a pouco, colocamos nossa expressão artística.

Essa obra nunca ficará pronta; ela está sempre em evolução. Isso se deve ao fato de que, à medida que vamos trabalhando nela, nossa visão vai se alargando e descobrimos sempre novas e melhores possibilidades.

Podemos realmente considerar-nos felizes quando nos livramos da preocupação com a crítica e da ânsia em concluir a obra; quando somos abençoados com uma visão mais ampla e uma revelação mais profunda e, principalmente, quando vivemos com alegria o próprio processo de fazer.

PARA REFLETIR

> *Há três anos, sentei-me e planejei o meu dia ideal, o meu ambiente ideal. No momento, estou vivendo ambos.*
>
> *Naquela época, eu estava morando num pequeno lugar em Marina Del Rey, Califórnia, mas sabia que queria alguma coisa mais. Portanto, decidi fazer a minha própria oficina de determinação de metas.*
>
> *Decidi planejar meu dia perfeito e, então, programar meu subconsciente para criar essa vida ideal, experimentando diariamente, na minha imaginação, a minha vida como mais a desejava.*
>
> *Foi assim que comecei. Eu sabia que queria poder me levantar e ver o oceano pela manhã, e poder dar uma corrida pela praia. Eu tinha uma imagem – não era perfeitamente nítida – de um lugar que fosse verde e tivesse praia.*

*Depois de me ter exercitado, eu queria ter um lugar bem espaçoso para trabalhar. Eu o via como um lugar alto, amplo, com uma forma cilíndrica, no segundo ou no terceiro andar da minha casa.*

*Eu queria uma limusine e um motorista. Queria ter um negócio com quatro ou cinco sócios, que fossem tão fortes e entusiasmados quanto eu, sócios com quem eu pudesse me encontrar e expor novas idéias regularmente.*

*Sonhei com a mulher ideal para ser minha esposa. Eu não tinha dinheiro algum, e decidi que queria ser financeiramente independente.*

*Consegui tudo o que programei na minha mente. Tudo o que então imaginei aconteceu.*

*Meu castelo é exatamente a espécie de lugar que imaginei quando morava em Marina Del Rey.*

*Encontrei a mulher ideal seis meses depois de tê-la imaginado, e casei-me com ela dezoito meses depois.*

*Criei um ambiente que alimenta minha criatividade, que sempre aciona meu desejo de ser tudo o que posso ser, e que cria em mim uma atitude diária de gratidão.*

*– Por quê? Escolhi um alvo e, todos os dias, dava coerentemente ao meu cérebro a mensagem nítida, precisa e direta de que essa era a minha realidade.*

*Tendo um alvo nítido e preciso, minha poderosa mente inconsciente guiou meus pensamentos e ações para produzir os resultados que eu desejava.*

*Isso funcionou para mim e pode funcionar para você!*

Anthony Robbins

## DESAFIOS

- Libertar-se de tudo o que limita a sua mente e o seu espírito.
- Fortalecer a crença de que você pode ter tudo aquilo que for capaz de sonhar.

## O CAMINHO DO VENCEDOR

- Aprenda tudo o que puder sobre visualização criativa.
- Crie sonhos vívidos.
- Procure pescar nas águas do inconsciente os meios de realizar os seus sonhos.
- Cultive o otimismo e a esperança, agregando-os ao entusiasmo, para tornar realidade os seus sonhos.
- Procure aceitar o fato de que, neste mundo, nada é inexplicável ou mágico. Existem, isso sim, coisas que não entendemos ainda.

## COMANDOS DE PODER

- Com alegria, descubro que sonhar é divino.
- Emocionado, percebo que tenho tudo o que é necessário para realizar os meus sonhos.
- Assumo tranqüilamente que quero felicidade, realização e sucesso.
- Entusiasmado, planto sementes de crescimento e de prosperidade em todas as áreas da minha vida.
- Reconheço com alegria que mereço tudo de bom que o Universo quer me dar.
- Eu acredito que tudo aquilo que eu desejo se concretiza.
- Alegremente, descubro que todos os meus sonhos são possíveis.
- Comovido, aceito que todos os meus sonhos são a expressão da Vontade Maior.
- Adoro sonhar!
- Sonhar é uma bênção.

*Só quem ousou acreditar que dentro de si mesmo havia alguma coisa superior às circunstâncias conseguiu obter algo esplêndido.*

Bruce Barton

# XVI

## O entusiasmo é a mola que move o mundo

*As únicas pessoas que podem realmente ir ao encontro dos problemas da vida e dominá-los são aquelas que demonstram, em sua luta, tendência a enriquecer os outros e a si mesmos, que vão avante de tal forma que os outros também se beneficiem.*

Adler

Ter entusiasmo é mais do que ser esperançoso. O esperançoso tem fé, espera que os seus sonhos se realizem. O esperançoso espera e acredita que as circunstâncias mudem a seu favor.

Ter entusiasmo é mais do que pensar positivamente. Aquele que pensa positivamente consegue sempre vislumbrar o melhor em qualquer situação. Aquele que pensa positivamente consegue ver além das circunstâncias.

Ter entusiasmo é mais do que ser otimista. O otimista gosta do que tem, otimiza o que tem. O otimista faz o melhor possível dentro das circunstâncias.

Ter entusiasmo é reunir todas as qualidades citadas acima. É aliar a esperança ao pensamento positivo e ao otimismo para agir, para mudar as circunstâncias.

O entusiasta é aquele que executa, que faz acontecer, que move céus e terra para fazer, para materializar o que quer, para atingir seus objetivos.

Ter entusiasmo é escolher uma existência apaixonada, é render-se à maravilha e ao deslumbramento de cada momento da vida.

Ter entusiasmo é seguir aquele preceito que reza: *Os grandes homens não riem das grandes idéias.*

Ter entusiasmo é confiar e ir em frente e, sempre que necessário, tentar novamente, sabendo que o esforço, por mais imperfeito que seja, sempre vale a pena.

Em grego, entusiasta significa: *aquele que tem Deus dentro de si.*

É aquele que sabe que foi feito à imagem e semelhança do seu Criador e que seu objetivo, nesta vida, é lapidar-se, expressar e exercer a sua vontade, uma vez que a sua vontade é uma emanação da Vontade Divina.

Neste mundo, a grande maioria das pessoas vive anestesiada, deixando a vida passar, conformada com aquilo que lhe dizem: "Ser pobre é uma virtude"; "a riqueza corrompe"; "não é possível mudar nada"; "cada macaco no seu galho", etc.

Nessa "realidade", onde a maioria é levada a crer que o sofrimento é uma virtude, o entusiasta é visto com estranheza, confundido com os fanáticos. Às vezes, é difícil para as pessoas entender como alguém pode conseguir ver beleza e possibilidades infinitas neste mundo.

Parece que esta "realidade" valoriza muito mais o ódio, a violência, o medo, o terror; por isso, às vezes, é fácil esquecer os aspectos positivos da vida. O problema talvez seja o fato de que as pessoas que promovem o negativismo parecem conseguir mais tempo na mídia.

Rajneesh diz o seguinte sobre esse tema: "É preciso reunir coragem e, se as pessoas disserem que você é louco, divirta-se com a idéia. Diga a elas: Você está certo. Neste mundo só as pessoas loucas podem ser alegres e felizes.

"Optei pela loucura, juntamente com a alegria, com o êxtase, com a dança; você optou pela sanidade, com a angústia, com o inferno. Nossas opções são diferentes.

"Continue são e permaneça miserável; deixe-me só na minha loucura. Não se sinta ofendido."

Sua respeitabilidade só diz respeito a você mesmo. Não vá contra você mesmo, porque isso é cometer suicídio, é se destruir. E qual é o benefício? Mesmo que as pessoas o respeitem, e achem que você é um homem muito sensato, honrado, ilustre, essas coisas não vão nutrir o seu ser. Elas não lhe farão nenhuma revelação sobre a vida e sua infinita beleza.

Essas pessoas não entenderam ainda que cada um cria a sua "realidade": assim como somos por fora, somos por dentro. Se no mundo interior há falta de amor, falta de confiança, falta de respeito, falta de horizontes, um mundo de insegurança, cheio de perigos à espreita, cheio de limitações de toda ordem, isso é o que a pessoa terá na vida.

Se você está desanimado, entediado, isso é ótimo. É um bom começo. O homem é o único animal que sente tédio, é o único animal que tem o livre-arbítrio, que pode mudar sua vida, fazer de sua vida o que quiser que ela seja.

O tédio está lhe avisando que sua maneira de viver está errada; está lhe dizendo que alguma coisa deve ser feita, que você precisa mudar. O tédio está lhe mostrando que você está vivendo seguindo padrões obsoletos, padrões que você herdou dos outros. Está lhe dizendo para começar a viver por si mesmo.

Perceba que você está desanimado, entediado, porque não tem sido sincero consigo mesmo, porque não tem respeitado a si mesmo. Provavelmente, você tem vivido sua vida segundo as idéias dos outros, fazendo o que os outros esperam que você faça, representando um papel.

O ânimo, o entusiasmo flui somente quando você está fazendo aquilo que você quer, quando você está sentindo alegria, prazer e contentamento com o que faz.

O entusiasmo se manifesta quando você vive cada momento com totalidade e intensidade.

O entusiasta é aquele que realmente muda o mundo, é aquele que mobiliza forças no sentido de realizar, que dá a vida por um ideal, por uma causa – mesmo quando esse ideal, essa causa, esteja ligado à matéria, porque ele sabe que, se vive neste mundo material, precisa estar harmonizado também nesse nível.

O entusiasta sabe que pode!

Livre-se da tendência de aceitar tudo com apatia, do desejo irracional de permanecer no conhecido, no seguro, no monótono, na rotina, só trilhando caminhos já percorridos. Disponha-se a trilhar caminhos que surpreendam, estimulem e renovem.

Abra-se para a surpresa, para o deslumbramento!

Lembre-se de quando você era criança. Como ficava absorto durante horas a fio construindo um carrinho, com a única finalidade de ter aquele rápido prazer de descer a ladeira, mesmo que depois tivesse de puxá-lo ladeira acima.

Com que alegria você montava sua pipa, sempre esquecendo o triste destino da última que havia feito.

Lembre-se de como era agradável observar a movimentação de um formigueiro...

O barulho da chuva no telhado...

O reflexo do sol numa poça d'água...

Fantasiar com a forma das nuvens...

Tentar diferenciar o canto dos pássaros...

Sentir o aroma das flores...

Recupere a capacidade e a possibilidade de se impressionar com a vida.

Livre-se do tédio e do aborrecimento, recuperando a criança que você foi um dia, encontrando alegria nas pequenas coisas e aventura em cada momento. O segredo para ter entusiasmo é ter paixão, definir e cultivar seus desejos.

O grande presidente americano Abraham Lincoln dava o seguinte conselho àqueles que queriam obter sucesso: "Nunca deixe de se lembrar de que a sua resolução de obter êxito é mais importante que qualquer outra coisa."

Identifique-se com o que dizia Walt Disney: "É divertido fazer o impossível."

O dirigente da equipe do Los Angeles Dodgers, Tommy Lasorda, acreditava que: "As corridas não são ganhas pelos atletas mais rápidos. Quem vence as lutas não são os homens mais fortes. As corridas e as lutas são vencidas pelas pessoas que, acima de tudo, querem vencer."

Ainda não sabemos se o desejo, se o sonho supera o talento; o que sabemos é que, quando o desejo se alia ao entusiasmo, ambos compõem o fator que faz com que pessoas comuns consigam feitos extraordinários.

Observe o que relata um grande homem de negócios a respeito do início da sua vida profissional:

"Quando iniciei minha carreira, eu não tinha nenhuma experiência de vendas, nenhum curso especializado, nunca tinha treinado a voz e, sem dúvida, minha personalidade não era das mais atraentes ou cativantes. Tudo indicava que me faltavam quase todos os atributos do vendedor ideal.

"O único atributo que eu possuía era uma determinação tão forte que quase chegava a ser uma obsessão: era um desejo ardente e irresistível de me transformar num dos melhores vendedores.

"Encarei essa qualidade como o maior de todos os bens, estimulei-a e procurei sempre manter a chama acesa; porque uma coisa eu sabia: nunca tinha ouvido falar de alguém que tivesse obtido êxito sem desejar obtê-lo."

O lema do grande entusiasta Arthur Rubinstein era o seguinte:

"Estou envolvido com a vida apaixonadamente... É tudo um milagre!"

Entusiasme-se!

Você pode!

## PARA REFLETIR

Analise o que diz o dr. Robert Anthony: *O primeiro componente do entusiasmo é a vontade. Alguém que quer se tornar presidente, mas na verdade duvida que isso seja possível, nunca fará de sua vontade uma força motriz.*

*A vontade se transforma em uma força motriz quando um sonho provoca a paixão pela ação.*

*O segundo componente do entusiasmo é a confiança. A pessoa que não confia não sente nem age com entusiasmo.*

*A confiança em si mesmo funciona como uma barreira protetora contra sentimentos negativos e obstáculos. É ela que fornece as certezas que vão liberar a imaginação.*

## DESAFIOS

- Estabeleça a sua meta.
- Livre-se da "seriedade".

## O CAMINHO DO VENCEDOR

- Descubra e revele a imagem do entusiasta que existe em você.
- O entusiasta sabe aonde vai e não descansa enquanto não chega ao seu destino. Ele tem um poder de concentração notável.

- Pensamentos e idéias lhe ocorrem com a rapidez de um raio.
- Ele é um mestre do pensamento imaginativo e flexível, que usa para alcançar suas metas.
- Seu poder de pensamento não está limitado nem pelo tempo nem pelo espaço.
- Sua forte determinação mental está conjugada com uma profunda percepção emocional. Somente metas com uma forte carga emocional podem despertar essa paixão. Corpo, mente e espírito estão em harmonia.

COMANDOS DE PODER

- Adoro a vida.
- Todos os desafios são bem-vindos. Eles fazem com que eu me supere.
- Sou sempre conduzido pela Sabedoria Universal.
- Sinto em mim uma grandiosa força que emana da Fonte Suprema.
- Estou sempre alegre.
- Eu posso, eu faço acontecer.
- Sempre alcanço meus objetivos.
- Minha vida flui em harmonia com o Universo.
- Busco com alegria os meus objetivos e sempre sou recompensado.
- Gosto do que sou, do que tenho e do que faço e, por isso, sempre sou contemplado com mais.

*Estabelecer e atingir metas (sonhos) em todas as áreas é a única maneira de dar sentido à vida.*

Amy Dean

# XVII

# O tempo da alegria é agora

*Minha definição do homem é que ele é o animal que ri.*

*Nenhum computador ri, nenhuma formiga ri, nenhuma abelha ri, apenas o homem é capaz de rir.*

*Esse é o pico mais alto do crescimento, e é com o riso que você pode alcançar Deus.*

*Porque é apenas pelo mais alto que está em você que se pode alcançar o supremo.*

*A risada tem de se tornar a ponte.*

Shree Rajneesh

Você já se deu conta de que o homem é o único animal que tem a capacidade de rir? Só o homem pode gargalhar, divertir-se.

Então, não é exagero afirmar que aquele que perde a capacidade de rir, aquele que acha que o homem deveria ser absolutamente sério, e que diz: "...porque, afinal, se formos ver as coisas como elas realmente são, não existe motivo algum para rir", essa pessoa perde sua humanidade.

Parece que as pessoas confundem seriedade com pessimismo e mau humor. A sociedade tem medo de que o bom humor e o otimismo façam com que as pessoas percam a eficiência. Hoje em dia, o modelo ideal de eficiência, para a sociedade, é o da máquina.

É por isso que existe a tendência de robotizar as pessoas. É por isso que muita gente transforma sua vida num drama, numa tragédia. É por isso que há muita gente fazendo sua vida parecer uma novela mexicana.

Por causa do modelo de eficiência, até mesmo a risada tem de ter uma razão. As pessoas riem para conquistar a simpatia de alguém, para agradar o patrão, o amigo, para facilitar um negócio... A risada deixa de ser simplesmente uma risada; ela tem de ser eficiente!

O senso de humor é um sinal de inteligência e de criatividade. Para despertar o senso de humor, basta remover as barreiras. Basta acreditar que isso não faz de você um tolo – ao contrário, faz você demonstrar sua inteligência.

Se você já riu, já gargalhou com vontade, você sabe que depois da gargalhada vem uma sensação de que todos os sentidos ficam mais aguçados. É como se os olhos pudessem ver melhor, como se todo o seu ser ficasse mais leve, como se um grande peso houvesse desaparecido.

Se a "seriedade" – o mau humor e o pessimismo – for perdida, nada será perdido – ao contrário, algo será ganho: você se tornará mais saudável e revigorado; você se tornará capaz de celebrar as maravilhas da vida.

A primeira atividade social da vida de uma criança é sorrir. Observe uma criança pequena, repare na sua risada. É uma risada espontânea, natural e profunda. Quando o bebê sorri, ele mostra ao mundo o primeiro sinal de saúde, de inteligência. Com esse primeiro sorriso, ele demonstra que não é retardado. Quando a criança ri, ela está dizendo ao mundo que viverá, que é e será feliz.

A pessoa deve continuar sendo capaz de sorrir, de rir, de gargalhar, por toda a vida. Esta é uma grande e simples verdade: se você puder rir de uma situação, com certeza será capaz de enfrentá-la.

Outra grande verdade: a risada energiza, revigora, fortifica. Cientificamente, já é fato comprovado que o riso é um grande remédio que a natureza forneceu ao homem. Se você conseguir rir quando estiver doente, recuperará a saúde mais rapidamente. Se não conseguir rir, mesmo estando saudável, mais cedo ou mais tarde você adoecerá.

O senso de humor é uma das qualidades mais fundamentais da humanidade. É essencial conservar a capacidade de rir, pois, quando você pode rir, ganha muitas coisas, aprofunda-se nos mistérios da vida.

Quando ri, você se torna uma criança inocente. Sua risada tem o poder de uni-lo com a vida, com os seus ruídos e com os seus silêncios. Sua risada faz de você a única parte do mundo que se tornou inteligente, porque somente pessoas inteligentes podem rir, podem ter senso de humor.

Liberte-se da idéia de que a seriedade seja condição para a respeitabilidade. A "seriedade" é uma doença. Preste atenção e descubra como a vida é divertida e cheia de surpresas. A toda hora está acontecendo algo diferente.

Reflita e descubra que uma das piores coisas que se pode fazer ao homem é torná-lo triste e sério. Como explica Rajneesh:

"Você já observou a diferença entre os bois e os touros? Eles nasceram iguais, mas os bois foram castrados. E, a menos que eles sejam castrados, você não poderá usá-los como escravos para carregar suas cargas, para puxar suas carroças. Você não pode colocar os touros na frente do seu carro – o touro é tão poderoso, que é impossível mantê-lo sob controle; ele tem uma individualidade própria. Mas o boi é um eco muito distante do seu ser real; é apenas uma sombra.

"Para se obter escravos, homens foram destruídos da mesma maneira. O riso tem sido continuamente condenado como infantil, insano; no máximo, é permitido sorrir. A diferença entre o sorriso e o riso é total. O sorriso é somente um exercício dos lábios; o sorriso é somente um maneirismo. A gargalhada não conhece maneirismo algum, etiqueta alguma – ela é selvagem, e sua selvageria é plena de beleza."

Você pode rir quando está feliz ou alegre. Existe uma diferença entre alegria e felicidade. A alegria é muito mais controlável. Você pode escolher ser alegre em qualquer circunstância, mesmo nas mais desanimadoras.

Quando você opta por ser alegre, para levantar o ânimo ou para animar outras pessoas, pois você sabe que quando está desanimado rouba energias delas, algo de muito peculiar acontece: você realmente começa a se sentir mais alegre.

William James, pai da psicologia norte-americana, sabia que o comportamento exterior influencia os nossos sentimentos. Por muitos anos ele foi vítima de uma depressão muito séria, até descobrir que é possível reagir às emoções negativas adotando o comportamento oposto. Já em 1892 ele concluiu o seguinte:

"Podemos, indiretamente, regular o que sentimos regulando o nosso modo de agir... Portanto, quando alguém perde a alegria que tinha espontaneamente, o melhor caminho a seguir é adotar uma atitude... agir e falar como se essa alegria já estivesse presente."

Existe uma relação muito profunda entre alegria e saúde. Sabe-se do ótimo efeito terapêutico de se fazer com que doentes se mantenham numa atmosfera de alegria.

O pesquisador Clarence Cook Little declarou: "O equilíbrio interior é a saúde; o desequilíbrio é a doença. Essas funções orgânicas são influenciadas pela saúde mental."

A alegria existe com a finalidade de manter a pessoa entusiasmada, disposta a tirar o máximo de suas potencialidades, a usar sua liberdade, a desembaraçar-se de conflitos, para deixá-la em harmonia.

Alegria e harmonia são sinônimos. Quando você está em harmonia, todos os elementos da vida fluem naturalmente. Quando você está em harmonia, o ser inteiro – mente, corpo e alma – é uma unidade. Então, e só então, você alcança um alto nível de eficiência. E quando você alcança um alto nível de eficiência como pessoa, você atinge também um alto nível de eficiência para a sociedade. Portanto, ao contrário do que normalmente se acredita, a alegria é fundamental para a eficiência.

Para que você cumpra o seu destino, para que manifeste toda a grandeza do seu ser – em outras palavras, para que você seja eficiente – é preciso que esteja em harmonia e, para estar em harmonia, é preciso praticar uma profunda e vibrante alegria.

Para integrar a alegria à sua vida, você pode praticar o que é sugerido nas páginas seguintes.

## 1. Você é aquilo que pensa

Há uma lei psicológica segundo a qual se alguém quer viver de determinada maneira, terá de pensar dessa maneira, ou seja, deverá impregnar seu subconsciente com as idéias adequadas.

Lembre-se sempre de que, se alguém quer adquirir perícia, no que quer que seja, deve praticar. Se você quer ser uma pessoa alegre, sature seu subconsciente com pensamentos, lembranças, imagens e mensagens de alegria, até que se transformem num dominante padrão de pensamento de um real otimismo, entusiasmo e dinamismo.

Em certa ocasião, Rose Kennedy, então com 93 anos, foi entrevistada por uma revista. Ela teve nove filhos; quatro morreram de forma violenta e uma filha é excepcional e tem a saúde precária. Além disso, após a morte do marido, os jornais e revistas divulgaram fatos nada lisonjeiros sobre a vida dele.

A repórter fez perguntas sobre tudo isso. E ela, revelando-se uma pessoa determinada a ser alegre, respondeu o seguinte:

"Sempre achei que Deus nunca dá uma cruz maior do que se consegue carregar. E sempre achei que, independentemente de tudo, Deus quer que todos fiquem satisfeitos.

"Ele não quer ver ninguém triste. Se os passarinhos cantam depois de uma tempestade, por que também não podemos fazer a mesma coisa?"

Se a sua mente estiver impregnada com pensamentos negativos, ela poderá tentar bloquear o seu desejo de alegria e de harmonia. Usará para isso o argumento de que os seus esforços para se manter alegre são uma mera ilusão, insinuando que "pensar não é realizar". Lembre-se, então, de que é pelo pensamento que se chega à realização.

Todas as descobertas, as grandes invenções, as obras-primas dos grandes artistas foram antes sonhadas, imaginadas, pensadas, planejadas e depois concretizadas.

Se você estiver decidido a viver bem, precisa controlar sua mente, em vez de ser controlado por ela. Com a sua persistência, ela irá ajustando-se, acomodando-se e aliando-se às modificações determinadas pela sua Vontade.

Para ser alegre: pense alegrias, fale alegrias, pratique alegrias, sature a mente com alegrias, e você terá uma vida radiante. Você será cheio de vida enquanto viver.

## 2. Reconheça seus motivos para ser alegre

Habitue-se a fazer uma lista de experiências alegres que acontecem a cada dia.

Faça isso e, com certeza, você terá uma grande surpresa ao descobrir o potencial e a quantidade dessas experiências no seu dia-a-dia.

E, mais ainda, você verificará, à medida que as registra, que elas tendem a aumentar, não apenas em número, mas em significado.

A cada dia, sistematicamente, repasse na memória todas as experiências alegres que teve.

Pense nelas demoradamente, detenha-se nos detalhes, reviva-as mentalmente, concentre todo o seu processo mental nas mais elevadas experiências que teve na vida.

Sua mente começará a sentir prazer em reviver essas alegrias e, tendo-lhe provado o sabor, você há de querer aumentar essas agradáveis experiências.

À proporção que os estímulos para a alegria forem se tornando mais numerosos, eles penetrarão profundamente na consciência, criando em você um estado de permanente alegria.

Reflita sobre o que aconselha Goethe: "Os homens são propensos a contentar-se com as coisas mais comuns, e seu espírito e sentidos se tornam tão facilmente insensíveis às impressões da beleza e do que é perfeito, que todos deveríamos esforçar-nos para alimentar em nossa inteligência a faculdade de perceber essas sensações...

"Por isso, cada qual, todos os dias, deve ouvir uma pequena canção, ler uma bela poesia, ver uma bela pintura e, se possível, dizer algumas poucas palavras sensatas."

## 3. Tudo é motivo para celebrar

A vida, em sua totalidade, é boa; então, tudo é motivo para celebrar. O que deve ser celebrado é a vida, independentemente dos fatos.

Celebrar é comemorar, reconhecer, admirar-se, é sentir gratidão por tudo que a vida dá. É entender que todo o tipo de experiência é fértil em potencial de aprendizado e de crescimento. É entender que tudo o que acontece tem um significado e um objetivo.

"Um místico sufi, muito pobre, estava se sentindo rejeitado, faminto e cansado da jornada que fazia... Ele chegou a uma aldeia à noite e ninguém quis acolhê-lo.

"A noite estava fria e ele estava com fome, exausto, com pouca roupa, tremendo de frio. Ele sentou-se sob uma árvore, nos arredores da aldeia. Seus discípulos também se sentaram, profundamente tristes, deprimidos e, até mesmo, com raiva.

"Então ele começou a orar, dizendo a Deus: – Você é maravilhoso! Sempre me dá tudo aquilo de que eu preciso.

"Ouvindo isso, um dos discípulos disse: – Espere, agora você está indo longe demais! Nesta noite em particular essas palavras são falsas. Estamos com fome, cansados, sem agasalho e uma madrugada fria nos aguarda. Há animais selvagens por todos os lados, fomos rejeitados pelos aldeões e estamos sem abrigo. Por que você está agradecendo a Deus? O que você quer dizer com: 'Você sempre me dá tudo aquilo de que eu preciso'?

"O místico respondeu: – Sim, eu repito. Deus me dá tudo aquilo de que eu preciso. Mesmo que eu ainda não entenda por que, com certeza esta noite eu preciso da pobreza, esta noite eu preciso ser rejeitado, esta noite eu preciso estar faminto e em perigo.

"Do contrário, por que Ele me daria isso? Isso deve ser necessário. E, sendo necessário, devo ser agradecido. Ele cuida das minhas necessidades de uma maneira tão bonita. Ele realmente é maravilhoso!"

A médica Sheila Cassidy dá um depoimento comovente acerca da sua experiência num hospital especializado em casos graves de câncer:

"A assistência dada no hospital tem a ver com a vida, com o amor, com o riso, sua filosofia se baseia em duas crenças inabaláveis: a vida é tão preciosa que cada minuto deve ser vivido plenamente; e a morte nada mais é do que uma parte da vida, e deve ser encarada abertamente e recebida de braços abertos.

"Uma das marcas registradas da rotina desse hospital são as comemorações: um aniversário ou a notícia de um nascimento, uma alta ou uma melhora, qualquer vitória é motivo para comemoração, e os funcionários, enfermeiros e voluntários erguem as taças e brindam com os doentes e com as suas famílias."

Nunca é demais lembrar a importância e o significado da celebração: "Um sorriso não custa nada e proporciona tanto!

"O sorriso enriquece quem o recebe e não torna mais pobre quem o oferece.

"Dura um momento, mas sua lembrança permanece para sempre. Ninguém é tão rico ou poderoso que possa prescindir de um sorriso; ninguém é tão pobre que não possa retribuí-lo.

"Um sorriso traz felicidade ao lar, estimula a boa-vontade no trabalho e é o símbolo da amizade.

"Proporciona descanso aos inquietos, estímulo aos que perderam a coragem.

"É um raio de sol para quem está triste e, por sua natureza, o melhor antídoto contra os problemas.

"No entanto, não pode ser comprado, implorado, emprestado ou roubado, pois só tem valor quando é oferecido.

"Algumas pessoas parecem cansadas demais para dar um sorriso. Dê-lhes um dos seus, pois ninguém precisa mais de um sorriso do que quem não sabe sorrir."

Tenha em mente que, nos dias mais felizes, há sempre motivo para comemorar; mas, o que talvez seja mais importante ainda, lembre-se também de encontrar motivos para comemorar nos períodos mais difíceis.

Treine o seu olho para enxergar além das circunstâncias, para ver o que há por trás da forma ou da condição do momento.

Enfrente os problemas e as situações difíceis com ar de despreocupação.

Não dê força ao mal. Leve em conta as aparências usando seu intelecto para quebrar a seriedade das situações insatisfatórias, e sorria, com a certeza de que, mesmo em meio às tempestades mais violentas da vida, pode-se antever um novo dia de paz, de tranqüilidade e de alegria.

## 4. Para ter alegria, alegre-se

Como diz a Bíblia: "Se sabeis estas coisas, bem-aventurados sois se as fizerdes."

Se você já sabe o que fazer para ter alegria, faça-o! Não há quem não saiba o que fazer para encher de alegria a vida. Ou será que você não sabe?

– Quem sabe, se deixar de odiar?
– Quem sabe, livrando-se dos ressentimentos?
– Quem sabe, deixando de ter raiva de certas pessoas?
– Quem sabe, deixando de ser dominado pelo medo?
– Quem sabe, mudando o modo de encarar a vida?

É surpreendente, e também muito triste, como tantas pessoas passam pela vida sofrendo com a desarmonia interior. Passam pela vida lutando, sem nenhuma alegria.

Imagine não sentir alegria por estar vivo!

Seja um alquimista. Use o lado mágico da sua mente e transmute os seus sentimentos! Se você está com raiva, que tal dançar? De início será uma dança cheia de raiva, uma dança frenética, agressiva, violenta. Aos poucos, você verá, ela irá se tornando mais e mais suave e, antes que se aperceba, você terá esquecido a raiva. Aquela energia negativa transformou-se!

Se está com ódio, pratique o perdão. Mesmo que no princípio você tenha de se forçar, se persistir, sentirá essa energia se transformando numa sensação de tranqüilo bem-estar.

Se está triste, cante, dance, reze, comece a impregnar seu subconsciente com comandos de poder que tragam positividade, otimismo e alegria. Use seus conhecimentos para conseguir aquilo que quer.

Quando você tem a chave, a vida muda, e nunca mais voltará a ser a mesma. Você pode abrir qualquer porta.

Faça-o! Use a sua chave; gire-a na fechadura!

## 5. Como se fosse

Use o princípio de Gurdjieff, segundo o qual uma bela maneira de alcançar um objetivo é agir como se já o tivesse alcançado.

Por exemplo, se você está deprimido e quer mudar essa situação, comporte-se como se já estivesse entusiasmado.

Quem pratica ginástica aeróbica já conhece esse princípio. Muitas vezes, ao iniciar a aula quando a música começa, a pessoa pode não estar muito disposta, mas depois que começa a fazer os exercícios, acompanhando o ritmo com uma expressão cheia de energia, logo percebe que a disposição muda, ajustando-se à ação.

Quem tem contato com crianças provavelmente já usou esse princípio: a criança está chorando e você pede ou faz algo para ela rir. Como resultado, a criança acha graça e fica mais animada.

Se você quiser comprovar esse princípio, faça o seguinte: fique de pé, levante bem as mãos e pule, animadamente, várias vezes. Enquanto estiver pulando, tente repetir: "Eu estou deprimido! Não estou alegre! Estou triste!"

Você vai perceber que é quase impossível fazer isso sendo sincero no que diz. Ou você terá de parar os movimentos vigorosos do corpo para dizer "estou deprimido", ou terá de parar de dizer "estou deprimido" para poder movimentar o corpo com energia.

## 6. Rir ainda é o melhor remédio

Uma característica de uma pessoa saudável é ser capaz de rir de si mesma, é nunca se levar a sério demais.

Norman Cousins, depois de testar com sucesso em si mesmo, inventou um método que batizou de terapia do riso.

Ele estava muito doente, internado num hospital, quando se lembrou das visitas que fizera ao famoso hospital do dr. Alberto Schweitzer, em Lambrené. Diz ele:

"Schweitzer empregava o humor como uma forma de 'terapia equatorial', um meio de reduzir a febre, a umidade e o calor. Na prática, usava o humor de modo tão artístico que tínhamos a impressão de que ele o considerava quase um instrumento musical.

"A vida dos médicos e dos enfermeiros, que eram jovens, não era nada fácil... O dr. Schweitzer sabia disso e se encarregava de providenciar os nutrientes necessários para o espírito deles. Quando os funcionários se reuniam, na hora das refeições, Schweitzer sempre tinha uma ou duas histórias engraçadas para contar. Provavelmente, o prato mais importante do jantar era o riso. Era muito interessante ver como os funcionários pareciam rejuvenescidos por aquele humor esquisito dele."

Depois de se recordar dessas visitas, ele resolveu ir para um hotel e fazer aquilo que denominou "Terapia do Riso". O tratamento consistia em ver filmes dos Irmãos Marx e fitas gravadas sem que os protagonistas percebessem – uma espécie de "vídeo-cassetada".

Constatou que dez minutos de boas risadas resultavam em duas horas de sono sem dor. Tendo em vista que ele sofria de uma inflamação grave da coluna vertebral e das articulações, o que provocava dores insuportáveis quando ele se virava na cama, o valor prático do riso foi incomensurável.

Existem vários estudos que comprovam e confirmam o provérbio bíblico que diz: "Coração feliz é bom remédio", e também atestam a afirmação de Aristóteles: "O riso é um exercício corporal precioso para a saúde."

Segundo o dr. William Fry Jr.: "O riso nos faz bufar e arfar o peito, acelera a respiração, aumenta o consumo de oxigênio, exercita os músculos que não participam do ato de rir. O fígado, o estômago, o pâncreas, o baço e a vesícula são estimulados pelo riso. Em resumo, todo o organismo recebe uma injeção de vigor."

O historiador americano Richard Hanser faz o seguinte comentário sobre o presidente Lincoln: "O humor dele era uma defesa contra as desgraças amargas e sangrentas da guerra civil. Aquela figura alta e imponente, vestida em seu camisolão de flanela esvoaçante, costumava percorrer a Casa Branca no meio da noite, procurando alguém que estivesse acordado para ouvir uma história engraçada que acabara de ler.

"Quando perguntaram como, naquele período tão crítico, ele ainda conseguia rir, Lincoln respondeu: 'Com a tensão terrível que pesa sobre mim dia e noite, se eu não risse, morreria; e os senhores precisam deste remédio tanto quanto eu.' "

O valor curativo do sorriso também fica evidente nas reflexões de Mantak Chia:

*Você já caminhou pelas ruas resmungando ou preocupando-se com as coisas que precisa fazer a respeito dos seus relacionamentos, do seu trabalho, da sua vida inteira?*

*Ao levantar os olhos, alguém sorriu para você e, sem perceber, você retribuiu o sorriso?*

*Em apenas uma fração de segundo, deixou de lado seus problemas, endireitou um pouco mais o corpo e continuou caminhando, sabendo que tudo acabaria bem? Um sorriso genuíno tem um poder imenso.*

*Quando você sorri para alguém, faz com que essa pessoa se sinta melhor consigo mesma.*

*Quando sorri para as suas plantas, elas sentem sua energia amorosa e crescem.*

*Quando chega em casa, afaga a cabeça de seu cachorro e sorri para ele, seu cachorro abana o rabo para mostrar que está feliz.*

*Mas se você chega em casa, grita com ele e lhe dá um pontapé, ele se esconde, rosna ou morde.*

*Se você gritar com as pessoas que ama, elas ficarão na defensiva e se sentirão rejeitadas.*

*Um sorriso verdadeiro é um sinal de amor, um transmissor de energia que tem um caloroso efeito de cura.*

*A pessoa que não sorri não desenvolve a capacidade de dar e de receber amor.*

*Por outro lado, a pessoa sorridente traz alegria para a vida das pessoas e leva uma vida saudável e feliz.**

Infelizmente, enquanto não reconhecermos a diferença entre uma pessoa séria e uma carrancuda, e enquanto não associarmos felicidade com saúde, tristeza com doença, não estaremos reconhecendo o poder do sorriso, nem compreendendo todo o seu potencial.

Em resumo, não estaremos verdadeiramente sorrindo para os nossos órgãos e para o nosso sistema nervoso.

Na China antiga, os taoístas ensinavam que um constante sorriso interior, um sorriso para si mesmo, assegurava saúde, felicidade e longevidade.

Por quê? Sorrir para si mesmo é como aquecer-se no amor: você-se torna o melhor amigo de si mesmo. Viver com um sorriso interno é viver em harmonia consigo mesmo.

## 7. Compartilhe a alegria

A alegria aumenta quando é compartilhada, e diminui quando a pessoa tenta conservá-la para si.

Uma maneira gostosa de compartilhar a alegria é brincar – brincar como criança, brincar por brincar, sem regras preestabelecidas.

Brincar de faz-de-conta estimula a imaginação e diverte. Brincadeiras criativas ajudam a criar novas maneiras de nos relacionarmos com as pessoas e com os objetos. Estimulam a cooperação despreocupada e desmontam a competitividade da sociedade, uma vez que não são jogos de verdade: tanto faz vencer ou perder.

Brinque sem nenhuma finalidade, além de se divertir alegremente durante algum tempo, fora do nível intelectual. A única finalidade da brincadeira é a diversão, a distração, a alegria.

Como bem afirma Lin Yutang: “Ora, uma das características da brincadeira é que brincamos sem motivo e não precisa haver nenhum motivo para ela. Brincar é um bom motivo em si mesmo.”

---

* Do livro de Mantak Chia: *A energia curativa através do Tao*, Editora Pensamento, São Paulo, 1987.

Brincando, você descobre em si mesmo um lado positivo, capaz de celebrar a vida.

Como afirmou Fred Donaldson: "Brincar é um ato de insurreição num mundo desumanizado."

## 8. Alegre-se com o novo dia

Para ter um dia digno de ser vivido, ao despertar, saúde o novo dia, como sugere o seguinte verso dos Salmos: "Este é o dia que o Senhor fez. Vou-me rejubilar e ficar satisfeito nele."

A citação a seguir é do violoncelista Pablo Casals: "Estou sempre renascendo. Cada nova manhã é o momento de recomeçar a viver. Há oitenta anos que eu começo o meu dia da mesma maneira – e isso não significa uma rotina mecânica, mas algo essencial para a minha felicidade.

"Eu acordo, vou para o piano, toco dois prelúdios e uma fuga de Bach. Essas músicas funcionam como uma bênção para a minha casa. Mas também é uma maneira de retomar contato com o mistério da vida, com o milagre de ser parte da raça humana.

"Mesmo fazendo isso há oitenta anos, a música que toco nunca é a mesma – ela sempre me ensina algo novo, fantástico, inacreditável."

## 9. Mente são em corpo são

Várias pesquisas comprovam que existe uma grande correlação entre o otimismo, a alegria e a boa saúde.

Cristopher Peterson, psicólogo da Universidade de Michigan, mediu os níveis de pessimismo e de otimismo em 172 pessoas e, um ano depois, perguntou a todas se tinham contraído alguma doença infecciosa; verificou então que havia uma relação bem definida entre o pessimismo e as doenças subseqüentes. Os pessimistas relataram duas vezes mais doenças e consultaram o dobro de médicos naquele ano, em comparação com os otimistas.

Num estudo minucioso, o dr. George Vaillant vem acompanhando a saúde física e mental de centenas de formandos da Universidade de Harvard, desde meados dos anos 40. Os dados incluem resultados de exames físicos rigorosos, feitos de cinco em cinco anos, desde os 23 até os 60 anos de idade. Entre os 45 e os 60 anos, 99% das pessoas classificadas como pessimistas tiveram muito mais doenças que aquelas consideradas otimistas e positivas.

Parece óbvio que a conclusão deva ser: a atitude de um homem aos 25 anos não lhe afeta a saúde por quase 20 anos, mas, se ele tem um corpo robusto e boa saúde aos 25 anos e mantém uma atitude pessimista, ao chegar à meia-idade terá muito mais chances de ficar com a saúde comprometida do que aquele que mantém uma atitude positiva e otimista.

Um grupo de pesquisadores fez um estudo muito importante com 69 mulheres que se haviam submetido a uma mastectomia para extirpar um câncer no seio. Três meses depois da operação, perguntaram às pacientes como encaravam a natureza e a seriedade da doença e como esta havia afetado sua vida. Cinco anos depois, 75% das mulheres que reagiram com espírito positivo e de luta estavam vivas. Das mulheres que reagiram estoicamente ou com desesperança, menos de 50% ainda estavam vivas.

William James estava coberto de razão quando afirmou: "Parece que a ação vem depois do sentimento, mas, na realidade, a ação e o sentimento caminham juntos."

Corpo e mente interagem, um afetando o outro. Sabe-se que um dos melhores antídotos para a depressão é o exercício físico vigoroso.

Você pode melhorar o seu ânimo com um ato simples, como por exemplo dar uma caminhada com passos rápidos. Você pode melhorar a sua saúde agindo da forma como agem as pessoas saudáveis e pode tornar-se mais otimista sendo mais alegre, e assim ter, realmente, uma vida de sucesso.

## 10. Outros recursos

Lance mão de todos os recursos para se alegrar: música, dança, artes, etc. A música pode ser um forte estimulante para o pensamento positivo. Nas empresas japonesas os funcionários têm aulas de canto e de ginástica todos os dias, antes do trabalho, porque se sabe que essas atividades modificam a atitude dos empregados e estimulam a positividade, o otimismo e o entusiasmo.

Enfim, use a criatividade e descubra de que maneira você pode se alegrar.

Reflita: O que você ganha sendo pessimista, negativo, deprimido, triste, "sério"?

Ser positivo, otimista e alegre não é negar-se a ver as dificuldades, os obstáculos, mas, sim, recusar-se a estacionar aí. É reconhecer que existem maneiras mais agradáveis e eficientes de viver.

## PARA REFLETIR

Analise os argumentos de Alan Loy McGinnis:

*... Ninguém quer ser pessimista, mas há pessoas que dizem que são pessimistas simplesmente porque querem ser "realistas".*

*De fato, alguns intelectuais brilhantes argumentam que, enquanto houver no mundo assaltantes e assassinos, e enquanto for possível acontecer no nosso século algo tão terrível como o holocausto, é ingenuidade adotar um ponto de vista otimista com relação ao mundo. Sem dúvida, seríamos ingênuos se tentássemos viver como se o nosso mundo não contivesse dores nem injustiças, mas os otimistas práticos raramente levam uma vida que nunca foi tocada pelo sofrimento.*

*Pelo contrário, geralmente passam por reveses muito sérios. Por exemplo, São Paulo escreveu para os Filipenses a epístola admirável que fala de alegria, enquanto estava numa prisão romana esperando para ser executado.*

*O psicólogo Viktor Frankl é um escritor cujos pensamentos sobre o holocausto têm uma pungência especial, porque ele participou de tudo. Ele passou três anos em Auschwitz, Dachau e em outros campos de concentração durante a II Guerra Mundial. Reproduzimos aqui um trecho que ele escreveu naquela época:*

*"O que se passa nos campos de concentração demonstra que o homem tem, sim, uma opção de ação. Houve muitos exemplos, geralmente de natureza heróica, que provaram ser possível superar a apatia e eliminar a irritabilidade.*

*"Mesmo naquelas condições terríveis de tensão psíquica e física, o homem consegue manter um vestígio de liberdade espiritual, de independência da mente."*

*Quando Frankl fala da liberdade de um indivíduo escolher a própria atitude, mesmo num lugar terrivelmente depravado como um campo de concentração, está escrevendo o que, talvez, seja a prova mais clara de que há alguma coisa de divino em nós.*

*Essa capacidade de transformar o mal, de transformar o sofrimento em crescimento, de tomar os aspectos trágicos da nossa existência e transformá-los com a força de um ponto de vista otimista, impulsionado pelo amor; tudo isso é prova de um poder assombroso. Não vivemos num campo de concentração, mas, às vezes, há opções semelhantes esperando por nós. Temos a liberdade de escolher entre o bem e o mal, entre o suicídio e a vida, entre o ódio e o amor, entre uma recompensa imediata e metas a longo prazo.*

*Se quisermos, podemos adotar um ponto de vista cético e pessimista com relação ao mundo. Ou podemos adotar a atitude de esperança, que é obstinada o suficiente para achar que o melhor ainda está por vir. Essa escolha de atitude é nossa.*

## DESAFIOS

- Desapegar-se das crenças que o impedem de desfrutar o prazer.
- Descobrir quais as atividades que mais o atraem – o que lhe dá maior prazer.
- Perguntar-se em que área da sua vida você poderia realizar seus sonhos.

## O CAMINHO DO VENCEDOR

- Desfrute tudo o que a vida lhe dá.
- Memorize comandos de poder que promovam a alegria. Esse processo de absorção de pensamentos alegres tenderá a expulsar os sombrios.
- Repita diariamente alguns desses comandos. Repetindo constantemente um pensamento, você acabará por modificar-se, harmonizando-se com ele. Com o tempo, você tenderá a agir conforme esses comandos.
- Faça uma lista de todos os fatos alegres da sua vida. Leia-a com freqüência, para rememorar as razões da sua alegria.
- Procure levar alegria ao maior número possível de pessoas.
- Procure, sempre, enxergar o lado alegre da vida.

COMANDOS DE PODER

- Rir mostra ao mundo o quanto sou inteligente.
- Viver com alegria é a minha meta.
- O senso de humor torna-me mais humano.
- Adoro compartilhar minha alegria.
- Tudo o que vejo ao meu redor é matéria bruta para transmutação.
- Qualquer manifestação do mal é uma oportunidade para demonstrar o bem.
- Por meio da alegria, livro-me da servidão e da bagagem negativa do passado.
- Por meio da alegria, renovo todas as coisas.
- Com humor e leveza, aceito o que a vida me dá.
- Vivo a vida com alegria e estou me divertindo muito.
- Compreendo e aceito todas as pessoas, pois sei que elas têm muitas qualidades.
- Com alegria, livro-me das limitações e me expresso com maior liberdade.

*O encontro do preparo com a oportunidade gera o rebento que chamamos sorte.*

Anthony Robbins

# XVIII

# Você não é uma ilha

*As más vibrações são tão contagiosas quanto o sarampo. Toda vez que reage com ira, com ressentimento ou com medo, você reforça um pouco mais os apegos dos quais deseja libertar-se. É assim a história do homem que gritou com o amigo. O amigo foi para casa e brigou com a mulher, que espancou o filho, que, então, deu um chute no gato.*

*Agora vamos inverter a situação – pois as boas vibrações também são contagiosas. Temos então a história do homem que saudou o amigo, que foi para casa e beijou a mulher, que foi tão carinhosa com o filho que o garoto deu leite ao gato, sem que este ao menos tivesse pedido!*

Anônimo

*O amor é mais do que um sentimento que "simplesmente acontece" espontaneamente. O amor acolhe generosamente todos os sentimentos – a empolgação, o medo, a alegria, a tristeza, a saudade – todas as emoções que surgem naturalmente quando somos impulsionados para aquilo de que necessitamos e somos libertados daquilo que nos causa sofrimento.*

*Mas o amor não apóia todo impulso para agir que possa resultar dos nossos sentimentos complexos. Ao contrário, amar consiste em acolher, com responsabilidade, palavras e atos que tragam o bem maior e a felicidade de todos os envolvidos. Pense e responda: Qual o problema ou a dificuldade que não pode ser resolvida por meio do amor?*

*Nós sabemos que o amor é a solução para todos os problemas, para todas as dificuldades do mundo.*

*Nós sabemos que o amor é a resposta para todas as nossas dúvidas, inseguranças e anseios.*

*O amor como resposta e caminho para a humanidade vem sendo apontado, desde sempre, por todos os filósofos, profetas e santos que já existiram.*

*Por que, então, a humanidade continua tão sem amor? O que impede as pessoas de amar?*

*A criança nasce com amor e precisa de amor para sobreviver. Ela precisa ser amada tal qual é, precisa ser amada por aquilo que é.*

*Acontece que os pais, todos os pais do mundo, foram inconscientemente treinados para usar essa necessidade de amor.*

*Foi assim que fizeram com eles, esse é o modelo que está inscrito em seu subconsciente. Eles não têm culpa, os pais deles fizeram assim, os avós fizeram assim. Esse é o modelo da sociedade.**

O afastamento do verdadeiro amor começa quando a criança aprende a camuflar seus sentimentos para conseguir aprovação. Ela começa a acreditar que tem de se tornar merecedora, fazer o que se espera dela. Conclui que não é amada pelo que é, que o amor tem de ser conquistado, e que isso acontece na medida em que faz coisas que agradam aos outros.

Assim ela começa a aprender a ser falsa, perdendo a noção do seu valor, o respeito por si mesma e, pouco a pouco, sua capacidade de amar.

O que resta, então, é aquilo que Maslow chamou de amor de deficiência, que é amar os outros porque eles preenchem uma necessidade sua. É o amor motivado pela necessidade de auto-estima ou de sexo, pelo medo da solidão, pela necessidade de gratificação, etc.

O amor que é resposta para tudo, o amor que torna o mundo melhor é o amor à essência, ao seu Ser e ao Ser do outro.

O amor do Ser é incondicional. Maslow escreveu muito sobre o amor do Ser como demonstração da atitude taoísta de não interferir ou de deixar as coisas serem, apreciando o que são, sem tentar mudá-las ou melhorá-las.

---

* Do livro de Katleen Keating: *A terapia do amor*, Editora Pensamento, São Paulo, 1993.

O amor seria como o amor pela natureza, em que expressamos nossa admiração pela beleza das flores, apenas contemplando o seu crescimento. O amor de deficiência, por outro lado, é mais propenso a colher flores e fazer um arranjo.

Como diz Tarthang Tulku: "A compaixão é a ponte, o alicerce da paz, da harmonia e do equilíbrio. Assim que reconhecemos tudo o que temos em comum com os outros, surge naturalmente um sentimento de compaixão e já não podemos tratar o semelhante com tanta indiferença. Entendemos com mais facilidade seus problemas e, à medida que aprendemos como nos curar, começamos a usar o nosso conhecimento para ajudá-los também.

"Amar é estar de tal forma bem consigo mesmo que, no sucesso do outro encontramos orgulho; em seu crescimento encontramos satisfação; em seu maior conhecimento nos tornamos mais sábios."

Recupere sua capacidade de amar. Comece por amar a você mesmo, e preste atenção ao seguinte:

## 1. Para amar, torne-se um indivíduo

Você sabe que a tendência natural do ser humano é repetir seus modelos. Analise até que ponto você vem repetindo o comportamento dos seus pais.

– Como você se comporta com o seu companheiro?

– Você está fazendo as mesmas reclamações, as mesmas censuras que os seus pais faziam um ao outro?

– Você tem as mesmas queixas, as mesmas frustrações que eles?

Liberte-se das suas programações. Comece por compreender seus pais. Eles, na realidade, queriam o seu bem, estavam bem-intencionados. O único problema é que eles também não sabiam o que fazer. Também estavam robotizados.

Livre-se das mágoas e dos ressentimentos. Você não irá a lugar algum culpando os seus pais. Deixe de "lamber as suas próprias feridas" e vá à luta, ponha-se a caminho, responsabilize-se pela sua vida. Você tem poder. Use-o!

As pessoas que se conhecem, que se sentem bem da maneira como são, mantêm-se firmes diante de qualquer circunstância. Com coragem e com entusiasmo, mantêm sempre uma imagem firme, tanto nos maus quanto nos bons momentos.

Possuem um sólido alicerce de segurança pessoal e de respeito próprio, que não sofre abalos e permanece constante. Sua preocupação com o que os outros pensam a seu respeito é saudável. Encaram as forças externas mais como um desafio do que como uma ameaça.

O maior sinal de maturidade é alcançar um estágio na vida em que você abraça a si mesmo, com suas forças e fraquezas, e admite que isso é tudo o que você tem; é quando você admite que tem o direito a uma vida feliz e produtiva.

É quando você percebe que tem o poder de transformar a si e ao seu meio, dentro de limitações realistas; é quando você se permite ser o que é e tornar-se o que quiser.

## 2. Ame as pessoas comuns

Se você está esperando encontrar a pessoa perfeita para começar a amar, abandone essa crença. A pessoa perfeita não existe.

Conta uma história que um homem permaneceu solteiro por toda a sua vida porque estava à procura de uma mulher perfeita. Quando estava com 70 anos de idade, alguém lhe perguntou:

– Você tem procurado todos esses anos. Por acaso não conseguiu uma mulher perfeita? Nem ao menos uma?

Ao que o velho respondeu com tristeza:

– Sim, uma vez eu encontrei uma mulher perfeita.

– E então? – tornou a perguntar o outro. – O que aconteceu? Por que você não se casou com ela?

O velho pareceu ficar ainda mais triste e respondeu:

– O que fazer? Ela estava procurando um homem perfeito.

Muita gente, quando encontra alguém, começa a exigir que o outro seja perfeito, que se liberte automaticamente de todas as suas limitações.

E assim recomeça o velho jogo do amor de deficiência.

Como o outro não pode ser perfeito – é só um ser humano – ele começa a fingir, tornar-se falso. O amor torna-se uma fraude, um jogo, e muitas vezes as pessoas desperdiçam a vida com esse jogo insensato.

Não exija perfeição. Maravilhe-se do processo.

Se alguém o ama, aceite o amor. Emocione-se com o amor. Ame como se isso fosse uma função natural, da mesma maneira como você respira.

Quando estiver amando, não exija nada. Não espere nada. Se receber alguma coisa, sinta-se grato.

O amor precisa de um ambiente de amor, precisa de um ambiente de gratidão, de agradecimento. O amor precisa de uma espaço de não-exigência, de não-expectativa. O amor precisa de aceitação incondicional.

## 3. Ame de forma incondicional

Muita gente comercia com o amor: só dá na medida em que recebe. Esse comportamento gera muita confusão.

– Como é que se mede o amor?

– Qual é o valor do amor?

O amor não é um negócio. Então, pare de barganhar.

Em vez de ficar imaginando como fazer para ser amado, comece a amar. Você descobrirá o grande "segredo" que se esconde por trás dessa frase que tem sido tão desvirtuada: "É dando que se recebe!"

O grande místico Gurdjieff dizia: "Tudo o que eu acumulei se perdeu, e tudo o que eu dei é meu. Tudo o que eu dei ainda está comigo, e tudo o que eu guardei se perdeu!"

Se compreender que você só pode dar aquilo que é seu, aquilo que vem da sua essência, a fragrância, vai perceber que na verdade você nunca perde, porque simplesmente compartilha tudo que você tem de bom, compartilha sua vida, compartilha tudo o que você é. Compartilha seu amor, sua alegria, sua felicidade, seu prazer.

Conta-se que existiu um quarto Rei Mago. Ele também viu a estrela brilhar sobre Belém. Acontece que ele sempre chegava atrasado aos lugares onde Jesus havia estado, porque os pobres e necessitados viviam pedindo a sua ajuda.

Depois de 33 anos seguindo os passos de Jesus por todos os lugares, o quarto Rei Mago chegou tarde demais a Jerusalém. Jesus estava sendo crucificado naquele dia. Ele havia comprado pérolas para presentear Cristo, mas precisou vender quase todas para ajudar as pessoas que encontrou pelo caminho.

Das pérolas que havia comprado, sobrara apenas uma e, ainda por cima, o Salvador já estava morto.

O Rei Mago ficou muito triste, decepcionado, e pensou: "Falhei na missão da minha vida."

Nesse momento, ele ouviu uma voz que lhe disse:

"Ao contrário do que pensas, tu me encontraste durante toda a vida. Eu estava nu e me vestistes; tive fome e me deste de comer; estava preso e me visitaste. Eu estava em todos os pobres do teu caminho. Muito obrigado por tantos presentes de amor."

## PARA REFLETIR

*Cada um de nós tem na vida um temperamento e um estilo únicos. E são essas as nossas contribuições especiais para o mundo.*

*Como seria monótono se todos nos expressássemos de modo semelhante e previsível. A diferença é o tempero do comportamento humano, que nos torna tão fascinantes.*

*Alguns de nós investem ousadamente na vida, assumindo riscos; outros planejam cuidadosamente. Alguns são ávidos pelas relações sociais; outros preferem sua própria companhia.*

*Alguns são espontâneos, outros são metódicos. Há os perfeccionistas; há também os que não ligam para a perfeição. Há os que enfrentam a vida com desmedido entusiasmo, outros são mais comedidos.*

*No amor, tomamos perfeita consciência dessas diferenças e cuidamos para não impor nossos valores aos que têm comportamentos diferentes.*

*Nosso amor abre espaço para todos. Na medida em que permanecemos abertos às diferenças, enriquecemos de forma constante.*

*Há tantos enfoques, tantas abordagens à vida quantas pessoas existem neste mundo. Quanto maior o número de enfoques que entendermos e aceitarmos, tanto mais pleno e adorável nosso amor se tornará.*

*Como dizem os franceses: "Vive la différence!"*

Susan Jeffers

DESAFIOS

- Livrar-se da moldura que você construiu. Você nunca vai encontrar alguém que se encaixe perfeitamente nela!
- Aceitar a si mesmo e às pessoas, com suas particularidades, com sua singularidade.
- Aprender a compartilhar.

O CAMINHO DO VENCEDOR

- Reconheça a perfeição do Universo, onde você nunca vai encontrar duas coisas perfeitamente iguais, onde tudo é necessário, belo e perfeito.
- Cultive e aprecie as características que gosta de ter.
- Seja complacente com as características que você não aprecia, incentivando-se a mudar, a melhorar, sem cobranças nem repreensões.

COMANDOS DE PODER

- Amando-me, torno-me capaz de amar aos outros.
- Por meio do conhecimento, aumento a minha capacidade de amar.
- Eu me respeito e sou grato pelo milagre da vida.
- Estou sempre aprendendo e crescendo.
- Confio plenamente em mim. Eu sou capaz!
- Vivo plenamente os meus sentimentos e emoções.
- Reconheço maravilhado a grandeza de ser.
- Sinto alegria por estar vivo.
- Amando, eu me completo.
- Vivo para amar.

*Neste mundo não há amor perfeito, só amor humano.*

Leo Buscaglia

# XIX

# E por trás de tudo...

*Conheci o bem e o mal,*
*o pecado e a virtude,*
*o certo e o errado;*
*julguei e fui julgado;*
*passei pelo nascimento e pela morte,*
*pela alegria e pelo sofrimento,*
*pelo céu e pelo inferno;*
*e no final, reconheci;*
*que estou em tudo*
*e que tudo vive em mim.*

Hazrat Inayat Khan

Depois de tudo você descobre e entende de fato que, para viver bem, para despertar em si o espírito dos vencedores, você não precisa ser um alienado e pintar a realidade de cor-de-rosa; descobre também que pode deixar de ser um conformista e de pintar de negro a realidade.

Você se dá conta de que, como demonstra a física quântica, a realidade é um campo de infinitas possibilidades e, portanto, comporta todas as cores, tons e nuanças que possam ou não ser imaginados.

Com o despertar do espírito dos vencedores, você percebe que tem opções, sabe que pode escolher, que pode fazer a cor da sua realidade.

Dizer que são as pessoas que fazem a realidade não é filosofia barata nem uma argumentação mística, tola ou inconseqüente. É simplesmente uma constatação racional.

A maneira pela qual as pessoas se relacionam entre si e consigo mesmas, pela qual entendem os sentimentos e os eventos, pela qual explicam e compreendem o Universo, a vida, a realidade, a sociedade e a comunidade, nada disso foi recebido de alguma divindade. Tudo foi e vem sendo construído, passo a passo, pelos seres humanos.

Tudo começou com o primeiro ser humano que sentiu necessidade de se comunicar, de compartilhar. Para isso, era necessário um código que todos entendessem.

Assim, criou-se uma linguagem que permitia chamar pelo nome, estabelecer um consenso, dar o mesmo significado, a mesma explicação para os fatos, eventos, sentimentos e emoções.

Essse código, esse mapa, que chamamos de realidade, vem sendo ampliado, reformulado, revisto à medida que a compreensão das circunstâncias vem aumentando ou mudando. A criação do mapa, ou seja, da realidade, é um movimento dinâmico, que se altera dia após dia.

De muitas crenças que já foram consenso, que já foram realidade, nada restou. Quem hoje acredita que raios e trovões sejam o resultado da ira dos deuses? Que para obter uma boa colheita é preciso imolar um ser humano? Que o conhecimento deva ser acessível apenas a determinadas castas, ou a eleitos privilegiados?

O ser humano conformado, negativo, aquele que diz: "A realidade é assim mesmo", serve magnificamente para perpetuar o *status quo* da sociedade.

Certas crenças, padrões de pensamento e condicionamentos funcionam, para o ser humano, como se fossem uma verdadeira castração e o tornam escravo de um sistema que beneficia uma minoria.

Por isso, tudo aquilo que mostrar ou afirmar ao ser humano que ele tem escolha, que ele pode fazer opções, escolher sua vida, é ridicularizado, menosprezado e combatido por aqueles que gostam da realidade do jeito que está estabelecida.

Essas pessoas detêm, monopolizam o poder financeiro, social, cultural, pessoal; elas estão bem, têm a realidade que querem. Para que, então, mudar aquilo que lhes dá tantos benefícios?

Se você não está satisfeito, se você quer viver bem, evite deixar-se influenciar pelo conformismo ou por aqueles que estão levando vantagens com a crença ("a realidade") de que "poucos merecem", de que apenas alguns são escolhidos ou beneficiados pelo destino.

Se você quer ser um vencedor, livre-se da consciência de rebanho. Deixe de servir aos interesses de outros, não despreze, não ria do que não conhece. Não critique levianamente, procure conhecer para fazer a sua avaliação. Deixe de depender da opinião alheia. Aceite e assuma a responsabilidade pela sua vida.

Busque alternativas; procure conhecer outras possibilidades; exerça seu direito nato de optar; você precisa descobrir que tem poder para fazer da sua vida o que quiser.

Quando você trilha o caminho do autoconhecimento e do desenvolvimento, você reconhece, aceita em si e nos outros as características humanas mais elevadas.

Você desenvolve uma visão dupla, a capacidade de ver simultaneamente aquilo que está presente e aquilo que é possível. Você se torna capaz de enxergar nas coisas aquilo em que elas podem se transformar.

Para entender esse tipo de visão, imagine que você está tentando compreender a natureza de uma semente de abacateiro sem conhecer o abacateiro.

Você pode estudar a semente anos a fio, uma vida inteira, e, ainda assim, não saberá quase nada sobre ela além da sua configuração atual: tamanho, cor, textura, forma.

No entanto, quando você sabe no que pode se transformar aquela semente, você pensa, sente e se comporta de maneira muito diferente com relação a ela.

Assim, para realmente conhecer uma semente de abacateiro, você precisa não somente conhecer a árvore, mas também estar ciente de que, em algum lugar dentro de cada semente, existe um mecanismo pronto para se revelar, uma parte que sabe exatamente como se tornar um abacateiro. E tudo o que é necessário fazer é deixar a natureza seguir seu curso.

O mesmo ocorre com os seres humanos. Por trás de tudo que você conhece e que não conhece, encontra-se o verdadeiro "EU", o nível da essência, da alma ou espírito, a Fonte de onde emana o SER.

Com certeza, se você se dispuser a rever suas experiências passadas, vai se lembrar de momentos em que teve acesso a algo muito maior do que sua atual capacidade de percepção.

Trata-se de lampejos intuitivos, em que tudo parece fazer sentido, em que você tem a sensação de que encontrou a resposta, em que você sente que sabe; momentos de intuição ou de criatividade, às vezes estimulados por uma crise, ou pela necessidade de socorrer alguém que amamos, ou por um sonho, um ideal muito forte.

Se você reavaliar suas experiências passadas, vai perceber que houve momentos em que rezou, pediu, desejou ou sonhou com algo e foi atendido. São essas experiências que revelam a existência de uma fonte, de uma força maior.

Elas demonstram a existência daquilo que podemos chamar de "área transpessoal", que é a sede das nossas potencialidades. Demonstram que na semente que você é existe uma parte que sabe exatamente como concretizar todas as suas potencialidades, como revelar todas as suas características e qualidades mais evoluídas.

Como diz Ezra Pound: "Precisamos sentir respeito pelo tipo de inteligência que faz com que a semente de capim se transforme em capim; e que o caroço de cereja se transforme em cereja."

Essa inteligência pode ser chamada de Eu Superior, Deus, Buda, Alá, Krishna, Cósmico, Consciência Universal, etc.

Quando você se dá conta desse tipo de inteligência, você percebe que ninguém é apenas o tamanho ou a forma em que se apresenta.

Ninguém se constitui apenas dos aspectos da personalidade, dos papéis, dos pensamentos e sentimentos que tem e manifesta todos os dias.

Você percebe que nem você nem ninguém está preso dentro de sua atual situação ou maneira de se expressar. Todos estão em processo de crescimento.

Browning alerta: "Há um centro bem íntimo de todos nós onde a verdade habita plenamente... E 'conhecer' consiste mais em abrir um caminho por onde o esplendor aprisionado possa escapar do que em sair à procura de uma luz que se supõe estar do lado de fora."

No atual estágio de desenvolvimento da humanidade, todos estamos buscando revelar o "Eu Sou". Uma nova consciência está-se formando, um novo conhecimento vem tomando forma.

Esse novo conhecimento começa com uma maior percepção do sentido da vida, com a intuição de que temos poder, com uma sensação de ligação com uma força superior. Percebemos que, quanto mais nos aliamos a essa força, mais ela se revela na nossa vida.

Todos precisamos procurar desenvolver uma maneira, um método que nos permita ter acesso, que nos permita a ligação, o contato com essa força. Esse método pode ser a oração, a meditação, a canalização, o relaxamento, etc.

Tenha a certeza de que cada passo que você dá em direção ao autoconhecimento o aproxima da sua essência.

Permitir que a semente, a semente do verdadeiro Eu germine, cresça, se fortaleça, dê flores e frutos é o objetivo da existência. Progredir é a meta da vida.

## PARA REFLETIR

Para Paul Pearsall fazer milagres é tornar a vida cheia de vitalidade, de entusiasmo, de realização e de felicidade. Pense a respeito dos argumentos:

"Fazer milagres depende da compreensão da profunda verdade de que nossas percepções criam a nossa realidade e de que sempre existe um outro ponto de vista a respeito de qualquer assunto."*

Cada um de nós é divino e humano, porque somos uma manifestação da presença de Deus em todas as coisas. Isso significa que a nossa vida é de natureza divina, mesmo em seus aspectos cotidianos e triviais.

Como observa o filósofo Ernest Lehrs: "Todos nós percorremos um caminho... em que começamos como uma criação de Deus e nos tornamos co-autores da Sua obra."

Nós fazemos os nossos próprios milagres, determinamos a nossa vida, quando descobrimos as características divinas presentes em nós, que transcendem os atributos imediatos do nosso corpo.

O escritor John White afirma que: "No interior de todas as coisas... há uma fagulha, um impulso, um senso do divino."

A capacidade de fazer milagres é uma característica humana natural que se origina nessa fagulha de divindade compartilhada por todos nós.

Os milagres não são feitos por supergurus ou por uns poucos privilegiados; eles são conseqüência da nossa Essência Divina e do fato de estarmos livres de conceitos limitadores.

Criamos o nosso mundo com base naquilo que vemos no momento e no modo pelo qual decidimos interpretar os acontecimentos da nossa vida.

---

* Do livro de Paul Pearsall: *A arte de fazer milagres*, Editora Pensamento, São Paulo, 1994.

Por mais inacreditável que isso possa parecer, vemos aquilo que procuramos, e criamos aquilo que vemos pelo modo como o fazemos.

Nossa realidade é criada com base em nossas próprias observações.

## DESAFIOS

- Liberar e ter acesso a todo o seu potencial, à divindade dentro de você.

## O CAMINHO DO VENCEDOR

- Meditação.
- Interiorização.
- Reflexão.
- Análise dos sonhos.
- Canalização.
- Ação.

## COMANDOS DE PODER

- Maravilhado, descubro a grandeza do Universo.
- Agora sei quem sou e isso me faz ficar extasiado.
- Sei que tenho em mim toda a força e beleza do Universo.
- Participo do movimento da Vida Universal.
- Tenho tudo o que é necessário para me realizar.
- Com alegria, percebo que estou ligado à Força Divina.
- Sou capaz de encontrar todas as respostas de que necessito.
- Percebo, satisfeito, que posso ser o que quero.
- Fico imensamente feliz ao sentir a emanação da Energia Universal.
- Alegremente, reconheço e aceito a minha Essência Divina.

*O homem é aquilo em que ele acredita.*

Anton Tchekhov

# Bibliografia


Anthony, Robert: *O poder da superpersuasão*, Círculo do Livro, São Paulo, 1990.

Assagioli, Roberto: *O ato da vontade*, Editora Pensamento, São Paulo, 1989.

Bloch, Douglas: *Palavras que curam*, Editora Pensamento, São Paulo, 1993.

Buscaglia, Leo: *Nascido para amar*, Record, São Paulo, 1992.

Chia, Mantak: *A energia curativa através do Tao*, Editora Pensamento, São Paulo, 1987.

Coelho, Paulo: *Maktub*, Editora Rocco, São Paulo, 1994.

Colegrave, Sukie: *Unindo o céu e a terra*, Editora Cultrix, São Paulo, 1987.

Dean, Amy: *Um sentido para a vida*, Editora Nova Cultural, São Paulo, 1992.

Dethlefsen, Thorwald e Dahlke, Rudiger: *A doença como caminho*, Editora Cultrix, São Paulo, 1994.

Dickerman, Alexandre Collins: *A aventura da autodescoberta*, Editora Cultrix, São Paulo, 1994.

Fadiman, James & Frage, Robert: *Teoria da personalidade*, Editora Harper & Row, São Paulo, 1979.

Fox, Emmet: *Descubra e use sua força interior*, Editora Pensamento, São Paulo, 1976.

Hurst, Kenneth T.: *Viva uma vida de prosperidade*, Editora Pensamento, São Paulo, 1994.

Keating, Katleen: *A terapia do amor*, Editora Pensamento, São Paulo, 1993.

Keyes Jr., Ken: *O centésimo macaco*, Editora Pensamento, São Paulo, 1990.

Lermen, Eneida: *Se você quer, você pode!*, Editora Cultrix, São Paulo, 1994.

Lostado, Darío: *A alegria de ser você mesmo*, Editora Pensamento, São Paulo, 1993.

Mandino, Og: *A universidade do sucesso*, Editora Record, São Paulo, 1987.

Merges, Stephanie: *A vida como um processo de aprendizado*, Editora Pensamento, São Paulo, 1993.

Ouspensky, P. D.: *Um novo modelo do universo*, Editora Pensamento, São Paulo, 1987.

Oyle, Irving e Jean, Susan: *A sabedoria interior*, Editora Pensamento, São Paulo, 1994.

Pearsall, Paul: *A arte de fazer milagres*, Editora Pensamento, São Paulo, 1994.

*Outras obras de interesse:*

SE VOCÊ QUER, VOCÊ PODE!
*Eneida Lermen*

O EU E SEUS INSTRUMENTOS DE EXPRESSÃO
*Angela Maria La Sala Batà*

COMO DESENVOLVER O PODER DA MENTE
*Arthur Winter* e *Ruth Winter*

COMO LIDERAR COM SUCESSO
*J. Donald Walters*

COMO PASSAR SUA VIDA A LIMPO
*Marisa Thame* e *K. Comstock*

CRIANDO DINHEIRO E PROSPERIDADE
*Sanaya Roman* e *Duane Packer*

DE TI DEPENDE TUA SORTE
*W. W. Atkinson*

EU FAÇO O MEU DESTINO - Os doze degraus para a autolibertação
*Penny McLean* e *Hans Christian Meiser*

O QUE É INTUIÇÃO e Como Aplicá-la na Vida Diária
*Philip Goldberg*

AS SETE ETAPAS DE UMA TRANSFORMAÇÃO CONSCIENTE
*Gloria D. Karpinski*

VIVA UMA VIDA DE PROSPERIDADE
*Kenneth T. Hurst*

VIVENDO E APRENDENDO
*Ken Keyes, Jr.* com *Penny Keyes*

VIDA ATIVA - Nossa jornada num mundo de criatividade, espiritualidade e ação
*Parker J. Palmer*

A VIDA COMO UM PROCESSO DE APRENDIZADO
*Stephanie Merges*

O DESPERTAR DO HERÓI INTERIOR
*Carol S. Pearson*

O CAMINHO DA AUTOTRANSFORMAÇÃO
*Eva Pierrakos*